JN065108

異界

いかいじんじゃ
Mystical Shinto Shrine

⛩

ニッポンの奥宮

神 本田不二雄 社

駒草出版

ニッポンの奥宮へ

　人間はどこから来て、どこへ行くのか。そんな言い古された問いがある。

　言い換えれば、過去の原点と未来の到達点は何か、立ち返るべき場所と行き着くべき場所はどこだったのかという問いである。

　後者のことは、誰にもわからない。しかし、前者はこの世のどこかにあるはずだ。

　なぜなら、気が遠くなるほど昔から、われわれはどこから来たのかを意識することから逃れられない生き物だからである。

　そのよすがとして、日本には神社がある。

　神社の多くは、人間の生活圏のなかに存在しているが、古い由緒をもつ神社のなかには、そこに至る以前の根源を記憶し、忘れないでいるために大切に保たれた特別の場所がある。

　それが奥宮である。奥の院とも、元宮、山宮、浜宮などと呼ばれることもある。

＊

　学問として裏付けられていることではないかもしれないが、ある集団がそこに集落を形成するとき、あるいはその土地にコミュニティが築かれるとき、真っ先にやったことは、しかるべき場所にカミを祀ることだった。

　あるいは、その集団がいくつかのコミュニティを吸収拡大していっ

たとき、だれもが共有できる原点の場が探し求められ、集落の外側に
シンボリックな場所が設定され、カミ祀りが行われた。

　または、自分たちの遠い祖先がどこからやって来たのか、どこにた
どり着いたのかを記憶し、その原点を確認するために、神社の外に祭
場を設け、御旅所と称してはじまりを再現する祭りを行った。

　それら「はじまりの場所」は、時代が変わり、社会が経済の合理性
を追求するなかでどんどん辺境に追いやられてしまった。

＊

　一方で、奥宮の多くは、できるだけ人の手が加えられないような形
でその姿をとどめている。ときには禁足地として立ち入ることすらで
きない奥宮もある。大分県の宇佐神宮（大分県宇佐市）の奥宮（御許
山山頂）などがそうだ。

　結果として奥宮には、令和の今日も太古のカミ祀りの記憶が保たれ
ている。そこは、「この世じゃない場所」であり、異界との接点であり、
ときに「あの世」そのものでもあった。

　本書では、実際の奥宮だけではなく、筆者なりの視点で奥宮的な神
社、遺跡なども採り上げている。それぞれ、各地にたくさん残されて
いるはずの“そんな場所”の一例にすぎないが、いずれも、日本人の
根源の記憶が宿るはじまりの場所といっていい。

　本書は、それらの場所を詣で、心を震わせた旅の記録である。

CONTENTS

異界神社

⛩ ニッポンの奥宮

002 ニッポンの奥宮へ

第 一 章

008 vol.01／白鳥神社
南伊豆の隠れ里に怪樹の森があった

016 vol.02／稲荷山
朱色の鳥居をくぐり稲荷マンダラの迷宮へ

028 vol.03／高山稲荷神社
みちのく津軽に稲荷の極楽浄土があった

036 vol.04／御岩神社
日本最古の聖なる山へ

046 vol.05／玉置神社
熊野三山の奥の院で魂の根源と出会う

054 vol.06／大瀬神社
怪樹そそり立つ奇蹟の島へ

vol.07／三峯神社
064　生けるお犬さま信仰が息づく山

vol.08／武蔵御嶽神社
074　山上のお社の奥に「奥宮」と「奥の奥宮」があった

vol.09／比婆山熊野神社
084　イザナミ命が眠る比婆山「妣の国」へ

vol.10／軍刀利神社
094　仙境の奥の院をめぐる伝説

第二章

vol.01／津軽・岩木山東北麓の霊場
102　鬼神をあがめる岩木山裏信仰

vol.02／富士山麓の浅間社巡礼
114　富士の母胎に回帰し、水のちからで再生する

CONTENTS

異界神社

鼎 ニッポンの奥宮

126 vol.03／熊野三山と根源の聖地
南紀熊野でよみがえりを実感する

144 vol.04／出雲・ヤマタノオロチ伝説の古社
ヤマタノオロチの正体を探る旅へ

158 vol.05／隠岐・島後の古代神社
社殿をもたない神社と驚異の御神木

168 vol.06／大分・奥豊後の洞窟神社へ
神秘と謎が交錯する洞窟神社のミステリー

182 vol.07／熊本・南阿蘇の古代神社へ
神話の時空をめぐる原点回帰と再生の旅

196 vol.08／熊本・人吉球磨地方の古社めぐり
隠れ里に残るファンタジックな神域へ

208 あとがき

210 都道府県別掲載リスト

異界神社
ニッポンの奥宮

第一章

【白鳥神社】静岡県南伊豆町吉田

祭神は日本武尊とその妃神・弟橘姫。熱海
市・沼津市からともにクルマで2時間超。
伊豆急行「下田」から西に21キロのところ
に、同社が鎮座する吉田海岸がある。

Shizuoka

vol.01／白 鳥 神 社

南伊豆の隠れ里に
怪樹の森があった

　西伊豆からひたすら南下する。ただでさえ平地に乏しい伊豆半島にあっ
て、西伊豆を縁取るように延びる道はほとんどが崖沿いである。そういえば、
古代、伊豆は遠流の地だった。この道は東日本の南の果てへとつづいている。

　トンネルを抜けたらほどなく、「海の里 吉田入口」という小さな看板があ
らわれ、そこからクルマ一台やっと通れる道が延びている。ここを行けとナ
ビが指示をしているが、いったん入ればUターンはできない道だ。

　もう覚悟を決めるしかないと思った頃に、一転カーブが連続する下り道
になった。脇道に入って約15分、ようやく民家があらわれ、視界の先に海が
見えてきた。人呼んで「南伊豆の秘境」。そこに不思議な神社があった。

白鳥神社の神域を
望む、門番のごとき
ビャクシンの大樹に
迎えられる。

荒涼たる風景に浮かぶ
ビャクシンの森

①国道136号から吉田海岸・白鳥神社へと向かう道。しばらくは登りがつ
づき、不安にさせられる。　②地の果てを思わせる吉田海岸。トイレこそ
あるものの、携帯は不通、自販機、商店はない。　③シュロやソテツなど
が映える白鳥神社の境内。巨石が石灯籠を押しのけるように鎮座し、その
奥、高く築かれた石垣の上に社殿が見える。　④正面から見た白鳥神社の
社叢。風に揺れるその枝葉により、森全体がうごめいているように見える。
その暗い真ん中に吸い込まれるように石段がつづいている。　⑤社殿の
扉に奉納されている柄杓。

怪樹が守る神域に鎮まる
女神の御魂

道は海岸までつづき、わずかだが駐車スペースもあった。南伊豆の隠れ里である吉田海岸は、知る人ぞ知る磯釣りの穴場スポットらしい。

伊豆半島最南端の石廊崎から北西に約10キロ。ゴロゴロ石に覆われた海岸は、立っていられないほどの風が吹きすさんでいた。

南西に開けた浜は強い海風をもろに受けるのだろう。思わず海を背にすると、一面の草むらを分けるように一条の細い道が山側に延びており、その先にこんもりとした森があった。

本来は手前に鳥居があったのかもしれないが、この強風に耐えることは難しかっただろう。その森が神社であることに気づいた者だけが、この秘めやかな参道に分け入ることを許されている。

それにしてもこの光景──。近づくほどに、異界に誘われていくようなざわざわした感覚に襲われる。この感覚は何に由来しているのか。おそらく、ほかでは見たことがない社叢（神域の森）が醸し出すナニモノかだろう。

何より瞠目すべきが、境内の入り口で風を受け、枝葉を大きく揺らしているビャクシンの巨樹である。先に詣でた大瀬崎(P54)でもその奇態に驚かされたが、白鳥神社のそれは前者を凌駕するインパクトだ。

木のたもとから呆然と見上げる。

何という枝ぶり。地面から2メートルほどで爆発的に分岐し、踊り狂うように枝をくねらせている。ビャクシンの老樹がしばしばそうであるように、ところどころ表皮が剥げ、滑らかな木肌をあらわにしながら無数の曲線を描いている。そのためか、エネルギッシュでありながら、どこか艶めかしくもある。人の想像力を超えた驚異の"生き物"である。

＊

石段を上がった境内にもビャクシンの巨木があり、シュロが異彩を加えている。それらは太平洋に面した最果ての地ならではの樹相ということなのだろう。

ただし、境内のレイアウトはやや不自然なものである。石灯籠を押しのけるように巨岩がどんと居座り、本来はお社がありそうな場所を避けるように石垣が積み上げられ、その上に社殿が載っているのだ。

社殿の扉に奇妙なものがぶら下がっていた。神社の手水屋でよく見るタイプの柄杓

だが、そのすべてに穴が開けられていたのである。

『南伊豆町史』によれば、現在の境内は、１９７４年の伊豆沖地震で落石の被害に遭い、倒壊したお社を高台に移したために今の姿になったという。

「穴あき柄杓」については、安産祈願の習俗によるものらしく、「無事の出産を願って借りてゆき、出産後新たなる柄杓に穴を開けたものを添えて返納」するのが習わしだったという。「穴あき」は、要するにするりと水が抜けることが安産に通じるという一種のまじないである。

*

しかし、それだけではあるまい。

「穴あき柄杓」といえば、もうひとつよく知られたモチーフがある。船幽霊、あるいは海坊主にまつわる伝承である。

船幽霊とは、水難事故で他界した人の成れの果てといい、海の妖怪・海坊主も、その一種といわれる。いずれも、船乗りに取り憑いて船を沈めてしまう存在で、「杓子を貸せ」と言っては船を沈めに来るため、船乗りは穴あき柄杓を常備するようになったという。"それ"は海難除けのまじないでもあったのだ。

事実、東伊豆の富戸には海坊主の伝説が伝わっており、漁労に従事した吉田集落の人々にとっても無関心ではいられなかっただろう。何より、白鳥神社の祭神・日本武尊とその妃神・弟橘姫には、次のような伝承が残っている。

「日本武尊が東征の折り、海神の怒りに触れ海が荒れ狂い危機に瀕したとき、妃の弟橘姫がその身を海に沈め、海神の怒りを静めた。その後、弟橘姫の櫛が吉田の海岸に流れ着き、それを村人が大切にお祀りした」（前掲書を参考）

それはただのおとぎ話ではない。

台風は毎年直撃し、ときに地震と津波の被害にも見舞われる。幾層も石垣を積み上げた境内と奇妙な社殿配置は、それらの被災とともに歩んできたこの土地の記憶そのものだ。

このビャクシンも同様。激烈な風雨の盾となって境内を守ってきた結果、この木特有の"ねじれ"がほどかれ、現在の樹相になったにちがいない。

そんな過酷な自然と対峙するお社には、荒れ狂う波に身を投じた女神の魂が息づいているのである。

美しくも妖しく、猛り狂うように枝を伸ばすビャクシンの御神木。

【伏見稲荷大社／稲荷山】京都市伏見区
主祭神は稲荷大神（宇迦之御魂大神ほか4柱）。J
R奈良線「稲荷」下車正面、京阪本線「伏見稲荷」
を下車徒歩約5分。背後の稲荷山は、参道を巡っ
て、全長約4キロ。2時間ほどの登拝行。

vol.02／稲荷山

朱色の鳥居をくぐり
稲荷マンダラの迷宮へ

　稲荷山を登拝することを「お山する」という。

　伏見稲荷大社の本殿裏から展開する稲荷山にはじめて足を踏み入れた人
は、例外なく「お山」の圧倒的な存在感に言葉を失うだろう。筆者自身、はじ
めて登拝したときの衝撃は忘れられない。

　その頂には、神が宿るという神蹟があり、神が顕現したという木々や巨岩
や滝などがある。そして、祈願と成就の証として奉納された、おびただしい
数の「お塚」や朱色の鳥居がある。これらを通じて一山全域を覆う祈りの空
間に身を委ねる「お山」体験は、ほかの場では決して味わえない特別な体験
として、深く心に刻まれるだろう。

奥社奉拝所に到る参道の「千本鳥居」（２列の中央より）

1

2

鳥居の先に……

3

①伏見稲荷大社楼門より境内をのぞむ。手前に外拝殿、その奥に内拝殿、本殿とつづく。②奥宮脇の朱鳥居。③奥宮から奥社奉拝所にいたる参道にある「千本鳥居」。稲荷大神に願掛けをし、願いが適ったお礼として鳥居が奉納されている。④朱色のトンネルの先に、奥社奉拝所に祈願する人が見える。⑤稲荷山にある大杉社にて。木材業者や建築業者の信仰が篤く、奉納された小鳥居とともに結縁を願って御簾（みす）に挟み込まれた名刺が印象的。⑥山中の薬力社にて。無病息災の御神徳で知られる。

千本鳥居から奥社へ
そして「お山」の奥の奥へ

手 水舎で身を浄め、楼門の前に立つと、玉と鍵をくわえた凛々しい一対の神狐がこちらを見下ろす。玉（宝珠）は稲荷大神の霊妙な神徳を、鍵は大神の宝蔵を開く秘密の鍵を象徴しているという。山内では、鍵の代わりに巻物をくわえたものもあり、こちらは、どんな祈願も叶える稲荷の秘法をあらわすという。

社殿を彩る「朱色」がまぶしい。稲荷塗とも称されるこの朱色が陽光を照り返し、楼門を通過する参拝者をも染めていく。温かく、力強いエネルギーを感じさせる色彩。この色彩こそ、稲荷大神の枯れることのない永遠の生命力、「あらたまの力」といったものをあらわしているのかもしれない。

奉納されている神楽のシャンという御鈴に祓い清められながら、ひっきりなしに訪れる参拝者のひとりになって、拝殿の鈴をガラガラと鳴らし、柏手を打ち、拝礼していく。内拝殿を隔てた先にある本殿は、五社相殿、つまり5柱の神々を横並びに祀る構造となっている。宇迦御魂大神、佐田彦大神、大宮能売大神、田中大神、四大神。この五柱の神々を総称して「稲荷大神」という。

本殿北側のなだらかな階段を上ると、左手に末社群が並び建ち、正面に玉山稲荷社が鎮座している。さらにその右手には、奥宮と白狐社。本殿を小さくしたような奥宮は、上御殿ともいい、本殿とならぶ格式を誇る社とされている。

ここからはいよいよ「お山」の参道である。しばらく進むと、ようやく「あの光景」があらわれる。千本鳥居である。

*

2メートルあまりの高さの鳥居が、二筋に分かれ、びっしり隙間なく立ち並んでいる。ども真新しい朱塗りで、奉納年を見ると近年のものばかりである。稲荷信仰のパワーをまざまざと見る思いだが、くぐりながらふと気付いた。

千本鳥居が、はからずもお山巡りの通過儀礼になっている――。

日本の峰入り修行は、死と再生をモチーフとしている。つまり、山中の他界で死を経験し、再生するという図式である。ただ、ここでいう死とは必ずしも生の果てではなく、生の始まりに立ち返ることをも意味している。

なぜそんなことを思ったのかといえば、陽光を映して連なる朱のトンネルが、胎内

を巡り、母胎へと回帰していくような不思議な感覚を抱かせたからである。

ともあれ、こうして登拝者は、「朱」のエネルギーによって浄められ、日常からのリセットを果たし、異次元の空間へと誘われていくのだ。

そして命婦谷と呼ばれている場にいたり、奥の院とも称されている奥社奉拝所にたどりつく。この社殿の背後に稲荷山三ヶ峰が位置することから、お山に向かって拝む奉拝所となっている。

ちなみに、ここに命婦という宮廷官女の称号があるのは、「平安時代の中頃、稲荷社に参詣し、狐神の加護によって立身出世を果たした女官が、みずからの呼称を狐神に譲った」ことに由来するという。そのため奥社奉拝所は、こんにちにも諸願成就の祈願所として、白狐の絵馬が鈴なりに奉納されている。

*

奥社奉拝所まではひと区切り。ここからは本格的に「お山する」人向けとなる。

石段を上ると、参道左に小祠があらわれる。「奇妙大明神」の名があり、かつては松の根が奇妙に浮き上がり、その形状から膝松さんとも根上りの松とも呼ばれていた。その「ねあがり」の音から投資家の崇敬を集めたというのが面白い。

膝松さんの道向かいには、石段が延び、南谷へとつづいてる。その先には知る人ぞ知る秘宝・十種神宝を祀る伏見神宝神社や、

「竹取物語の元郷」と呼ばれる竹林、弘法大師空海ゆかりの滝行場などがある。参道から外れた道には、"近代"から切り離された稲荷山の歴史や伝承の断片が秘められているようだ。

ともあれもとの参道に戻り、先へと進もう。

つづく奉納鳥居をくぐると、おびただしい数の石碑や石祠にミニ鳥居が寄り添う一帯に出る。それぞれ「○○稲荷」という見慣れない呼称が記されているが、これらは稲荷神の神徳を讃えた尊称とされ、奉納した個人や、オダイ（お代）さんと呼ばれる民間の宗教者ごとに組織された信仰グループ（講）の守護神をあらわしている。

これらは「お塚」と総称されている。「お山」を進むごとにあらわれるこの景観は、はじめて足を踏み入れる者をたじろがせるには十分である。しかし一方で、縁に導かれ、またはご利益のちからに惹かれてこの山に参入する人も後を絶たないのだ。

稲荷山中腹にある御膳谷（ごぜんだに）神蹟
（御膳谷奉拝所）。古くは三ヶ峰に神饌をお
供えした場所だったという。お塚と奉納鳥
居がもっとも密集する場所である。

無数の祈りが
稲荷大神に帰一する世界

参 道の急坂を上ると、四つ辻と呼ばれるポイントに到る。

ここは文字どおり四方からの道が合流するところで、岩盤の上から京都の市南部が見下ろせる眺望の名所である。ここからは周回路となるのだが、古来時計回りにめぐるのが正式とされており、それに従う。

やがて大杉社、次いで眼力社があらわれる。お塚に祀られた「○○稲荷」とは別に、古来より個別の信仰を伝え、それぞれ信者を抱えているお社が点在するのも稲荷山の特徴で、眼力社の場合、「眼の病が良くなる」「先見の明、眼力を授かる」ご利益があり、企業経営者や相場関係者の崇敬者が多いという。

もとより、熱心に「お山する」崇敬者は、それぞれ目指すべきお塚やお社をもっている。多くの場合、その縁を取り持つのは先述のオダイさんで、「あんたの守護神は稲荷山の○○大神や」などと相談者に告げ、お山へと導くのだという。

こうしてさまざまな縁に導かれてそのお塚（社）に行き着いた信者は、各社に付随する茶屋でロウソクや供物を求め、御祭神に祝詞や般若心経をあげ、それぞれの拝所で熱心に祈願をしていくのである。

こうした山中の光景にしだいに慣れてきたところで、御膳谷奉拝所にいたると、改めてその数に圧倒される（P26〜27）。御膳谷は稲荷山三ヶ峰の渓谷が集まる要の地で、古くから三ヶ峰の神々に神饌を供える祭場だったといわれる。

したがって、人々の祈りの証もここに集中する。密集・密接するお塚とミニ鳥居は、何よりここが、稲荷山の神々とのアクセスポイントであることを物語っている。

山中のお塚の数は一万数千基ともいわれるが、数もさることながら、それらが明治時代以後に設置されたものであることにも驚かされる。１３００年以上にわたる稲荷山信仰の流れの中では、"つい最近"の出来事といっていいかもしれない。

＊

ただし、その核となっているのは原始的な信仰だ。

御膳谷奉拝所から一の峰にいたる稲荷山の北側を歩くと、とくにそう思える。それぞれのお塚群の中心をなすのは、神木や磐座（神が宿る巨岩）、滝なのである。

御膳谷奉拝所からはまっすぐ東に向かう道と谷を下る道があり、前者の先には薬力

の滝、後者には清滝と清明の滝という霊跡が伝わっている。いずれも滝と言うより水行場といった趣だが、霊水は修行者の罪ケガレを祓い清めるとともに、それ自身が霊験信仰の源でもある。

また、稲荷山の七神蹟のひとつに挙げられている長者社の御神体は、剣石と呼ばれる巨岩である。雷石とも呼ばれることから、神成る石、あるいは雷神・龍神が宿る石とみなされていたのだろう。雷神は水神でもある。雷とともに天から降る雨はやがて滝へと注ぎ込み、豊かな水は木々の生長を促して葉を繁らせる。そして杉の枝は、稲荷大神の「みしるし」になる。

鬱蒼とした木々が生い茂る参道は、長者社を過ぎたあたりから急勾配となる。清少納言も難儀したと記したこの坂を上りつめれば、ようやく一の峰である。

*

昼なお暗い急な階段を上り、陽光輝く山の頂に到達したときの気分は格別である。

鈴なりのミニ鳥居とお塚を取り巻いてこんもりと盛り上がった頂点に、一の峰・上社神蹟がある。親塚と呼ばれる基台に、社名や神名（末廣大神）を刻んだ自然石を載せたつくりとなっており、その前の拝所にはいつも、祝詞をあげてしばし祈りを捧げる参拝者たちの姿がある。
<small>かみのやしろしんせき</small>

こういった神蹟の光景は、一の峰から段々と低く連なる二の峰（中社神蹟・青木大神）、三の峰（下社神蹟・白菊大神）で
<small>なかのやしろしんせき</small>
<small>しものやしろしんせき</small>

も同様である。ここでは、１３００年前の稲荷信仰の原点と現在の時間が無理なく共存している。

それにしても、稲荷山に展開されるこの景観は何と言えばいいのだろう。

この山には「私」の無数の祈りがあふれている。神に願いを託し、その助けを請う。そんな思いを形あるもので残し。結縁のしるしとしたい。こういった一人ひとりの祈願は、理屈を超えたやむにやまれぬものだ。しかしながら、おびただしく集積した祈りの証は決して無秩序にはならず、「稲荷山」というデザインの一パーツに収まり、ひとつの世界を形成しているように見えるのだ。

いわば稲荷山は、無数の「○○稲荷」や「○○大神」のすべてが中尊（主祭神）・稲荷大神に帰一するマンダラである。そして、新たに登拝する者をイナリの磁場に巻きこみ、イナリのモードに感化させてしまう巨大な装置なのだ。

そしてわれわれ参詣者は、そんな稲荷マンダラで神界めぐりをし、稲荷の子となって、ふたたび朱の参道（産道）をくぐって再生するのである。

1

稲荷マンダラの
最奥へ……

②

3

①稲荷山の山中、谺が池のほとりにある熊鷹社。水商売関係
など多くの信者が参拝している。②お供えの油揚げ、塩、米。
③山中、長者社の御神体（磐座）である剣石。謡曲「小鍛冶」の
舞台として知られる。④山中の水行場のひとつ清滝（清滝
社）。かたわらには不動尊が祀られている。⑤杉の古木を御
神体とする大杉社。病魔退散と金運招福の御利益も。⑥稲荷
山の頂上、一の峰上社神蹟。「末廣大神」の神名でも知られる。
⑦二の峰中社神蹟。以下、三の峰下社、間の峰荷田社などの神
蹟が祀られている。⑧山中のお塚群。「○○大神」などの神名
が刻んだ石が多数奉納されている。

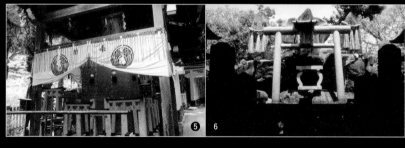

みちのく津軽に
稲荷の極楽浄土があった

最初にそのビジュアルを見て、つづいてその所在地を地図検索してみて、2度驚いた。

映像を見てまず思ったのが、臨死体験で見るというビジョンとはこのようなものではないか、だった。朱の鳥居が連なる風景は稲荷社ではよく見かけるが、そのどことも似ていない。場違いを承知で言えば、お稲荷さんの極楽浄土のようだ。

しかもそこは、地の果てを思わせるロケーションだった。

なぜそこにそのような神域があるのか。考えても仕方がないことだが、何らかの歴史的必然性はあるにちがいない。だが、まずやるべきことはできるだけのその空間に心身を浸してみることだろう。そこであえて最寄りのバス停から40分かけて歩き、当社の参集殿に一泊して、神域を歩いてみた。

Aomori

【高山稲荷神社】青森県つがる市牛潟町
祭祭神は宇迦之御魂命、佐田彦命、大宮能
売命。五所川原駅よりクルマで30分、あるいは駅前から弘南バス小泊線で「高山神社入口」下車、タクシーで約5分。

①高山稲荷の参集殿から拝する社殿。津軽半島の西岸、七里長浜のもっとも高い丘にあることから「高山」の名がある。②拝殿正面より。クロマツが生い茂る丘に朝日を受けて神々しく輝く。③境内の命婦社にて。何かを思わせる岩が祀られ、鈴緒には「夫婦円満・縁結び」の文字が見える。④龍神さまが棲むと信仰されている神池の中の島に祀られている龍神宮。独特の神占いが伝わっている。⑤5月後半、神苑にはヤマフジが咲き誇っていた。⑥⑦神苑の奥に、近在から奉納された神狐像や祠、小さな社などが集められた一画がある。いわば近隣で祀られていたお稲荷さんの最期の場所である。

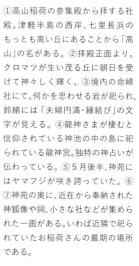

稲荷神と霊狐の終焉の地

神苑の浄土には
熱烈な信仰が秘められていた

五 所川原駅前から十三湖方面の
バスに乗り、「高山神社入口」
で下車する。「入口」といっ
ても、そこから高山稲荷神社までは約３キ
ロあるのだが、せっかくの機会、"最果て"
まで歩くのも悪くない。まっすぐ西に延び
る道を１キロほど歩くと大鳥居があらわれ
るが、そこから先は人家は皆無で、通行人
はおろか、クルマともほぼすれ違わなかっ
た。都心の周縁にすまう筆者にとって、ク
ロマツ林に延びた一本道をただひとり歩く
のは、それだけで非日常の体験である。

境内に到着し、宿泊所を兼ねた参集殿脇
の小道から海に出てみた。そこは七里長浜
と呼ばれている。長い海岸線が津軽半島西
岸の十三湖から鰺ヶ沢までまっすぐ南下し
ているのだが、この絶景がどのように映る
かはそのときの心持ちによるだろう。少な
くとも、世界でただひとりになってしまっ
たような寂寥感は否めない。

そんななか、小高い丘の上に鎮座する高
山稲荷の本殿が見える。

クロマツの森の頂で千木（棟上に置かれ
るＸ形の部分）を突き出すさまは、それ
だけで神々しいものを感じる。もとより「高
山」の名は、七里長浜の海岸でもっとも高

い場所に位置することによるという。

＊

早暁、ひとり境内を巡拝する。本殿の丘
は、早朝の空気のためか、日々潮風の祓い
を受けているためか、清浄そのものに感じ
られた。一段下がった場所に摂社、末社が
並んでいるが、やはり稲荷社特有の"湿度"
は感じない。

反対側の斜面を下ると、徐々にあの景観
が目に入ってくる。手前に、池の浮島に端
然と鎮座する龍神宮。そしてその先に朱の
鳥居がえんえんとつづいていた。

ちなみに、龍神宮の神池には水占いの信
仰が伝わっている。コヨリ（和紙を細長く
切ってねじり、糸状にしたもの）に願いを
掛けて神池に落とし、まっすぐ沈めば願い
事が叶い、途中で止まったり沈まなかった
りしたら叶わないというもの。昔はこのた
めに五里十里（20〜40キロ）を歩いて来
た人もいたという。

それにしても――神社境内にある庭園を
とくに「神苑」というが、これほど見事な
神苑はないだろう。庭園の大半は平坦な窪
地で、神池のほかにも小池が点在し、その
あいだを縫うように鳥居が連なっている。

鳥居の先は小さな丘になっており、庭園

を一望できる。周囲は自然林に囲まれているが、折しもヤマフジの開花時期で、無数の薄い青紫が木々の緑に重なり、うねる朱色と相まって“神の浄土”を演出していた。こちらから見れば鳥居群は龍神宮に向かっており、さながら朱色の龍体さながらである。庭園デザインのコンセプトは、どうやらそのあたりにあるのかもしれない。

ところが、反対側に振り返ると、神苑の様相は一変する。

数十体の石の神狐像がずらり横並びとなり、やや低くなったその奥には、中小のお社や祠が無数に並べ置かれているのだ。実は、やや異様にも思えるこの光景のなかに、高山稲荷神社が津軽地方有数の神社となった理由が隠されていた。

*

高山稲荷の由緒によれば、鎌倉末から戦国初期の時代、十三湊（現在の十三湖）を拠点に隆盛した安東（藤）氏が南部勢の焼き討ちに遭い、安東氏の守護神・山王大神が、「黄金の光を放って流れ星のように高山の聖地に降り鎮まれた」という。

そして江戸時代、赤穂浪士のひとり寺坂三五郎が、赤穂城内の稲荷社の御霊代をいただいて津軽に流れつき、「この高山の霊地に祀れ」とのお告げにより、稲荷の御霊を遷し祀ったと伝わっている。いずれの伝説も、神霊が最後に寄りつく場として高山の地が選ばれているのは興味深い。

当社の説明では、「おそらく先住民族である津軽蝦夷の時代から守護神が祀られていた」という。時代が下り、稲荷信仰の霊場として知られるようになるが、津軽の民にとっても、ここは過酷な環境を生き抜く最後のよりどころだったのだろう。

当社がユニークなのは、高山稲荷に出入りする「ゴミソ」や「カミサマ」と呼ばれる民間宗教者を排除せず、お墨付きを与え、そのエネルギーを吸収するかたちで信仰圏を拡大させていったことだ。結果、かつて境内周辺には、“教祖”らが建てた祠堂が乱立し、収拾がつかない状況だったという。

しかし、昭和の末から平成の世にかけて、「ドロドロとした土着信仰の上にも高山稲荷神社として風格のあるものにしたい」（『高山稲荷神社史』）との考えのもと、神池周辺の大改修が行われた。そして、乱立していた祠堂は整理され、多数奉納されていた鳥居を生かすかたちで今ある一大庭園が築造された。

「高山のお稲荷さまにお籠もりして祈願すれば願いは叶う」という。最果ての浄土は、そんな祈りが幾層にも積み重なり、昇華されて今に至っているようだ。

神苑の中央部。神明社から見下ろした景観。龍神宮へとつづく朱鳥居は、さながら朱色の龍である。

日本最古の聖なる山へ

太平洋の陽光がまぶしいＪＲ日立駅から、海を背にし、山間を縫うようにクルマで登っていく。ほどなく道は下り勾配となり、左手に鉱山の歴史を展示する日鉱記念館が見えてくると、クルマは長いトンネルに入った。思えばこの隧道は、時間軸をぎゅっと巻き戻すタイムトンネルだったのかもしれない——。

複数の人から、御岩神社に行きましたか？　御岩神社って知ってますか？　と聞かれることがつづいた。どうやら近年、ここは都市伝説めいたある噂とともに、「日本最強クラスのパワースポット」として知る人ぞ知る神社になっていたらしい。

ともあれ、まずはまっさらな心持ちで詣でよう。

神秘的な気が漂う賀毗禮（かびれ）神宮。御岩山の中腹にあり、お社の手前に巨岩（磐座）を祀る。巨岩表参道の奥宮にして、山頂の奥宮に対する下宮という位置づけ。

Ibaraki

【御岩神社】茨城県日立市入四間町
祭神は国之常立神、大国主神、伊邪那岐・
伊邪那美命ほか22柱。クルマでは常磐道
日立中央ＩＣから約10分。ＪＲ常磐線日
立駅からは東河内方面バスかタクシーに
て。御岩山頂への登拝は、麓の御岩神社か
ら片道約60分。

神仏が織りなすワンダーランド

①御岩神社の楼門前に聳える「三本杉」。かつて三叉のところに天狗が棲んでいたといい、別名「天狗杉」とも呼ばれる。②斎神社の拝殿内に奉安されている阿弥陀如来坐像。室町時代の作とされる美品で、珍しい中品中生（ちゅうぼんちゅうしょう）の印相。③斎神社横の宝物殿に安置の大日如来坐像。御簾（み）がかけられ、松の飾りや餅のお供えなど、仏式にはない祀り方。④御岩神社本殿。国常立尊ほか25柱を祀る。かつての名称は御岩山大権現大日堂。⑤斎神社拝殿天井の雲龍図（作・岡村美紀氏）。左に御岩山が描かれている。⑥お山にひしめく神々を図示した「御岩山霊場図」（部分）。切り立った岩場には鎖が掛けられ、ここが修行の場だったことをあらわしている。⑦表参道、賀毗禮神宮に通じる参道。

この山は
山頂部全体がイワクラ

往時の風情をとどめた門前の趣ある建物を見ながら境内に入れば、空気は神域のそれに一変。やがて右側にあらわれる神木に足が止まる。三本杉の名のとおり、巨木の幹が途中で3本に分岐している。巨きさ立ち姿ともに見事で、境内の光景にえもいわれぬ風格を添えている。

そして楼門。大仁王門とも呼ばれ、その名の通り左右に仁王立ちのお像が配されている。何気なく通過する方もおられるかもしれないが、ここは神社である。そして参道の傍らには「常念仏堂跡」「百観音堂跡」の文字。さらに、ひとつ目のお社である斎神社（回向殿）の拝殿には阿弥陀如来の美像が安置されていた。

阿弥陀像だけではない。斎神社脇の宝物殿を開けていただくと、中から美しい厨子に納められた大日如来像（鎌倉時代末の造立とされる）があらわれた。

神社の境内でこのように仏像が祀られている例を筆者はほかに知らない。

神社によれば、「現世はもとより死後の世界においても篤くお守りくださる」のが当社のご神徳であり、大日如来は「当山の守り仏」なのだという。

あらためて、御岩神社のことが知りたいと強く思う。

ホームページには、「（祭神は）縁起書等によると、天地開くる時よりこの霊山に鎮まる」という。また、奈良時代編纂の『常陸国風土記』にはこう書かれている。

「東の大きい山を賀毗禮の高峰という。ここには天神がおられ、名を立速日男命、またの名は速経和気命である。もと天より降られて、すぐに松沢の木の八俣の上に鎮まった。この神の祟りは非常に厳しく、人々に粗相があればたちまち災いを下し、病にならせた」（意訳）

＊

「賀毗禮之高峰」とは、御岩山の古称。「カビレ」とは神降る（カブル）が転化したものともいわれる。では、祭神の「天神」にして「立速日男命またの名は速経和気命」とはどんな神さまか。「天神」の意から落雷をもたらす神とも、「立速日」の字義から荒ぶる日神（太陽神）であるとも解釈されている。

とりあえずは、神威迅速にして、祟りの力いちじるしき神と理解しておこう。

もうひとつ『風土記』には気になる一文がある。

「その社は、石で垣をつくり、中には種属がとても多い。また、いろいろな宝、弓・桙・釜・器の類がみな石となって遺っている」

このくだりは何を意味しているのか。そのヒントは、「この山は山頂部全体が磐座（いわくら）なのです」という大塚真史宮司の言葉に隠されている。

磐座とは、神の依り代であり御神体として崇められる岩そのものをいう。

大正時代、鳥居龍蔵博士（人類学・考古学の先駆者）がこの山の調査に乗り出したところ、山頂近くで石鏃や石斧が、山麓で石板が出土された。それらは縄文晩期の祭祀遺跡、つまり神祀りの跡を伝えるものだという。つまり上の一文は、『風土記』の時代をさかのぼる昔から、山頂のイワクラ祭場にて、石を用いた祭器（宝）を献げて祭りを行った人々（種属）がいたことを示唆しているのだ。

＊

先史時代の遺跡を伝えるカビレの峰には、中世、山伏修験の修行場となり、江戸期に入ると水戸徳川家がこの山に出羽三山の信仰を持ち込んだ。結果、山の信仰と一体化した仏堂が整備されたほか、山中のあらゆる場所が神仏を祀る場となり、「総祭神１８８柱」を数える希有の霊場となっていった。

それを可視化したのが、本殿脇に掲げられた「御岩山諸神明細」であり、「御岩山霊場図」である。何という「密」であろう

か。山内は神々がこぞって集うワンダーランドと化していた。多くは山に参入した修験者らが勧請（かんじょう）し、感得した神々なのだろうが、これもひとえに、カビレの山の"引力"によるものかもしれない。

さて、本殿の参拝を済ませたら、いよいよお山の登拝行である。

ちなみに、登拝と登山は別物である。登山家のようにひたすら頂を目指すのではなく、森厳なる空気に身を浸し、神祭りの「場」の神気にふれ、ときに手を合わせながら歩を進めるのがその流儀である。

まずは中腹に鎮座する賀毗禮神宮。御岩山の主祭神である立速日男命および天照大神・邇邇藝命（ににぎのみこと）を祀るお社を目指そう。

その石段が見え、お社がその姿をあらわした。その前面、玉垣の内に、印象的な磐座（御神石）がドンとご鎮座している。その巨岩の注連縄の上に繁茂しているのは、この地域の希少植物を代表するイワウチワである。

太陽が中点にささがかり、陽光があたりを照らし出した。神々しいばかりに輝く神域の景観がそこにあった（P36〜37）。

賀毗禮之高峰
の深奥へ

③山中、裏参道の脇に祀られていた小さなお社。さりげないが今もきちんとお祀りされている。④佐竹氏墓所とされる場所に立つ供養塔（中央）。この地域特有の「寒水石」とも呼ばれる石材（いわゆる大理石）が用いられ、印象的な紋様を見せている。⑤賀毗禮神宮から山頂へとつづく登拝の道。信仰の歴史を物語るたたずまい。⑥拝殿脇にある姥神社に祀られた姥神像。かつて山頂の神域の入口に祀られ、結界石の役目を担っていた。

①御岩山中腹の賀毗禮神宮に通じる石段。『御岩山』（筑波書林）には、山上の本宮に対する下宮と記されている。
②賀毗禮神宮の御垣内に鎮座する磐座。苔で覆われていない部分は、大理石のような白褐色を呈していた。

⑦

5

6

8

⑦御岩山（賀毗禮の高峰）山頂。鏡岩と呼ばれる巨岩があり、手前の広
場はかつての神祀りの場だったと思われる（標高530メートル）。⑧鏡
岩の裏側は岩屋状になっており、かつての修行場だったことを思わ
せる。鮮やかな赤い岩層が見られる（立入りは厳禁）。

「天地開くる時」にあらわれた場所

「御岩山 188 柱」といっても、お社はもとより、それとわかる標識がないものも多い。明治初年の神仏分離後に取り除かれたものもあったと思われるが、ひっそりと供えられた小さな御幣や木札、祠や石碑などが「場」の意味を伝え、道そのものが何ごとかを語りかけてくる。そして、各所で神々の気配を濃厚に感じさせてくれる。御岩山とはそんな山である。

表参道と裏参道の分岐ポイントから上は、いよいよ御岩山信仰の根源、イワクラへの道である。参道（山道）の斜面の奥に、その岩塊がうっすら見えてくる。

御岩山は岩そのものが印象的である。山中は奇岩、巨岩のみならず、鮮やかな色合いを露出する岩層があり、先の賀毗禮神宮の磐座や佐竹氏墓所とされる供養塔など、特別な石は大理石そのものの風合いと紋様を表出させていた。

後になってこの山の地質に関する情報を調べてみて驚いた。

地質学者の田切美智雄氏によれば、御岩山を含む北茨城の多賀山地は約5億年前のカンブリア紀（古生代）の地層から成り立っているという。

どういうことか。かつて存在したゴンドワナ超大陸の東の端にあった岩の連なりが、長い時間をかけてたどり着いたとのがこの地だったというのだ。そんな地層は日本では茨城のここでしか確認されていない。つまり日本最古の地層である。

御岩神社の縁起の言葉を思い出す。ここはまさに、日本の「天地開くる時」にあらわれた場所だったのである。

ちなみに、御岩山の地層は大理石（結晶質石灰岩）のみならず、白雲母片岩を多く含んでいるという。この岩層は、日光に反射させると白く輝いて見え、宇宙から写真を撮るとその土地が光って写るともいう。

確かに、御岩山には江戸時代に「怪光」が立ち上ったとする記録が残っており、最近では宇宙からこの地の「光の柱」が確認されたという"伝説"も流布している。そんな話もさもありなん。だんだんそう思えてくるのだ。

そもそも、御岩山の御祭神は、「立速日」の神だったではないか。

山頂に至り、陽光に照り映える巨大な鏡岩を拝していると、「ここが噂の場所です」と、ガイドボランティアの方がイワサカ（岩を巡らせた祭場）の裏へと誘った。そこに、悠久の時間をたたえた白雲母片岩の特徴的な石柱が立っていた――。

山頂付近のくぼみにひっそり
と鎮座する賀毗禮神宮の奥宮。
古代信仰の証を思わせる石柱
の脇に登拝満行の行者札と御
幣が立てられている。

【玉置神社】奈良県吉野郡十津川村

祭神は國常立尊、伊弉諾尊、伊弉冊尊、天
照大御神、神日本磐余彦尊。公共交通機
関は奈良交通・八木新宮バスが利用可。
「十津川温泉」バス停下車、タクシーにて
約30分。

Nara

vol.05／玉置神社

熊野三山の奥の院で 魂の根源と出会う

「隠国」とも呼ばれた聖地・熊野の深奥に、秘境の神社がある。

　奈良県の南端、和歌山・三重の県境にも近いその神社は、離島を除けば日本でもっとも行きづらい神社のひとつかもしれない。

　私は、熊野三山の取材の終わりに、新宮駅から奈良の大和八木駅に向かう全長166.8kmの路線バスを利用することにした。すなわち熊野川をさかのぼるルートである。それはおそらく、熊野三山の奥の院と呼ばれる当社に至る由緒正しい表参道にちがいなかった。

　ただし、このとき玉置山の神は、濃霧というトリックを私に仕掛けてくれたようだ。それは神域の演出だったのか、参詣者の決意を試すものだったか。

　ともあれ、まさに五里霧中のまま、私は山中の異界を彷徨うことになったのである。

玉置山のスギの巨木の
なかでも別格の風格を
漂わす「神代杉」。樹齢
3000年とも。

①玉置山の山頂近く、標高1000メートルほどの山中に鎮座する本社殿。②摂社・三柱神社。倉稲魂神・天御柱神・國御柱神の三柱を祀る。倉稲魂神はいわゆる稲荷神のことで、かつては三狐神と呼ばれて篤い信仰を集めた。

神さびた神域の奥の奥へ───

③本社から玉石社へ、さらに玉置山山頂へと通じるつづら折りの参道。④玉石社。社はなく、御神体の玉石を露座にて祀る。スギの巨樹の根元、白石が敷きつめられたなか、黒々とした球体石の一部を地上にあらわしている。⑤3つの霊石が並び祀られている三石社。玉石社を護るかのように隣接している。

悠久の始源にさかのぼる
「神代杉」と「玉石社」

「隠国」とは、「神々のすまう奥まった場所」の意味で、熊野の代名詞である。

熊野の縁起を読むと、そのモチーフは、隠国（根の国といってもいい）に分け入り、神々と出会うことにあったと思われる。彼ら熊野神を祀った最初の人たちは、熊野川をさかのぼって大斎原に至り（P126）、ついにそれを果たすのだが、やがていつの頃からか、さらにその奥へ、根源の場所へと目を向けたようだ。

そして、「玉置」を発見するのだ。

玉置山は、大峰山系の最南端で、標高1,076.4メートル。「沖見岳」という別名は、その山頂から熊野灘を望むことができることからそう呼ばれている。ということは、海からもその峰を仰ぎ見ることができる。大和（奈良県）から見ても、新宮方面から見ても、そこは最果ての陸標だった。

駐車場からつづく参道を20分ほど歩くと神域にたどり着く。

濃霧のなか鳥居と石段がつづく光景は、山中の神気と相まって心中をゾクゾク震わせる。やがてシルエットをあらわした入母屋造の社殿は、1000メートル級の山中ではありえないものに映る。神社によれば、そのはじまりは紀元前37年第10代崇神天皇の時代、早玉大神を奉祀したことにさかのぼるという。

＊

本殿の左脇、若宮社と神武社のあいだに「神代杉　夫婦杉」の案内があり、矢印の方向に進む。そして、神代杉の前で呆然と立ちつくす。

推定樹齢3000年が妥当な年代なのかはわからないが、少なくとも数百年クラスのスギとはまったく風合いを異にする。霧でかすんでいるため幹の上部はよく見えないが、主幹や枝を傷めつつ、多数のヤドリギを擁するさまは、生命のすさまじさと、伏し拝みたくなるような神々しさをともに感じさせる。

「神代」とは記紀にいう神武天皇以前のことをいい、「3000年」に対応する名称なのだろう。筆者の私見では、カミ祀りの原初はヒモロギ（霊籠る木）となる木を植えることにあり（拙著『神木探偵』）、玉置山のスギは自然林ではないと考えられることから、この山の巨樹は当社の歴史をそのまま体現しているとも考えられる。

だとすれば、神代杉はその〝はじまりの木〟だったのかもしれない。

もっとも、その生育を可能にしているのは、太平洋の影響を受ける海洋性山岳気候に属し、日本でも有数の多雨地帯である玉置山の環境にある。この霧こそ本来の玉置山らしい風情であり、雨に祟られなかったことに感謝すべきだろう。ちなみに、境内にはほかにも見るべき御神木があり、神代杉手前の夫婦杉のほか、常立杉、磐余杉、浦杉、大杉と命名された巨樹も必見である。

玉置山はかつて「玉置山三所権現」と呼ばれ、吉野山と熊野本宮を結ぶ大峯奥駈道の重要ポイントに位置し、7坊15か寺を構える一大霊場だったという。今はその面影はないが、摂社の三柱神社は古くは三狐神と呼ばれ、五穀豊穣や大漁、商売繁盛といった稲荷の御神徳のほか、悪魔退散（とくに狐憑きの除霊）の霊験で知られていたらしい。

三柱神社のお詣りを済ませたら、雨が降り出す前にその奥に進もう。いよいよ「玉置の根源」に相まみえるのだ。

*

つづら折りの山道を無心で登っていくと、木の板の瑞垣で仕切られた一画に出る。

正面の額には「玉石社」の文字。お社はなく、白い玉砂利が敷きつめられた御垣内には3本のスギがそびえ、そのあいだに黒々とした円い大石の一部が姿をあらわしていた。それが御神体の「玉石」であり、玉置の名の由来である。

拝礼したのち、改めて瑞垣のあいだから拝見する。

その石の見えない部分に、どのくらいの大きさかはわからない巨石が鎮まっているという。社殿をもたない神社は本書でもいくつか紹介しており、石の祀り方としては鹿島神宮の要石などの類例を挙げられるが、これほどシンプルでかつ見事な祭場はほかでは見たことがない。

その石は大地の鎮めか、あるいは御霊が生まれ出る兆しなのか。

その意味はだれも説明してくれないが、それが有り難く、尊い存在であるのは、祭場の仕様からもわかる。それが「玉置」の由来であり、もとは原始的な信仰にもとづくであろうというのも理解できる。

玉置神社の末社で、地主神という位置づけだが、伝説では神武天皇がこの上で十種の神宝を祀ったとも、役行者や弘法大師空海が如意宝珠を埋めたともいわれる。熊野の丸石信仰や、新宮の速玉男命との関連も興味深いところだが、とりあえずは、このような場が今も保たれ、伝えられていることに感謝を申し上げたいと思う。

玉置山より熊野川を見下ろす。

玉石社の御神体を拝す。
玉置山の地主神であり、
さまざまな信仰的な意
味が重ねられている。

【大瀬神社】静岡県沼津市西浦江梨

「おせじんじゃ」と読み、正式名称は
引手力命神社。祭神は引手力命。東名
高速「沼津ＩＣ」または新東名「長泉沼
津ＩＣ」より約50分、7月23日〜8月23日
まで沼津港から大瀬の定期船が運航。

Shizuoka

vol.06／大瀬神社

怪樹そそり立つ
奇蹟の島へ

　この小さな半島は、存在じたいが不思議に満ちている。

　伝承によれば、白鳳時代（飛鳥時代後期）の西暦684年、海底が突然「三百
丈余」も隆起し、"島"が出現したという。往古はその形から「琵琶島」と呼
ばれていたというが、のち、島の端に砂州が形成され、西伊豆の海岸とつな
がって現在の姿になった。

　私が大瀬崎を知るきっかけとなったのは、その"島"最長老のヌシにして、
土地神の分霊が祀られているという御神木の存在だった。その、何ごとかを
語っているかのような樹相を写真で見るにつけ、一度お伺いしていろいろ
尋ねてみなければならないと思った次第である。

国指定天然記念物の「大
瀬崎のビャクシン樹林」
を代表する御神木。推定
樹齢1500年とも。

船を捨て
異国の磯のここちして

⑷与謝野鉄幹の歌碑「船を捨て　異国の磯のここちして大樹の栢（はく）の　陰を踏むかな」⑸ビャクシンの樹叢の向こうにゴロゴロの丸石、そして透明度抜群の海、そして富士山を望む絶景が。⑹大瀬神社（引手力命神社）。中天より降り注ぐ陽光で石段が神々しく輝いていた。

①半島の付け根にあたる海水浴場からつづく大瀬神社の参道。鳥居から先は神社の神域である。②神域の中央部を占める神池。周囲を駿河湾に囲まれ、海岸まで最短20メートルほどにありながら、満々と淡水をたたえている。③神池のほとりに、ひっそりと立てられた「鈴木繁伴館跡」の案内板。熊野水軍の大将だった繁伴は、数奇な運命により大瀬崎と地縁を結ぶことになる。

引手力命が宿る
奇蹟の島と神池

　まずは大瀬崎の全貌を眺めるべく高台の展望台に立つと、大漁旗をたなびかせた何艘もの漁船が小さな港に向かっていた。

　偶然にも、この日は毎年４月４日の大瀬神社の例祭だった。遠目ではわからなかったが、このとき、派手な女装をした若者が船に乗り込み、海に投げ込まれた福俵を拾いあげる行事などののち、「勇み踊り」をしながら帰路についたという。

　大瀬崎は伊豆半島の北西端から北へ駿河湾に突き出した岬で、空撮写真で見れば、真ん中に池（神池）を抱いたビワ（琵琶）のような形をしている。その池の周囲を含む岬の先端部が大瀬神社の神域で、社名は正しくは引手力命神社という。

　冒頭でふれた "島" の成り立ちは、ただの伝説ではなかった。

　西暦684年（白鳳13）の地震は、『日本書紀』にも記されており、白鳳地震と呼ばれている。社伝では「土佐国で多くの土地が海中に没した反面、突然三百余丈も盛り上がり、島が誕生した」としているが、『紀』の内容はそれを裏付けている。土佐国では「田畑50余万頃」（約12平方キロメートル）が海中に没んだといい、さらに、島の誕生を伝えたものと思われるこんな記述がある。「伊豆嶋の西北、二面、自然に増益せること三百余丈。更一つの嶋と為れり」（『日本書紀』天武天皇下 十三年十月）

　ちなみにこの一連の記事は、南海トラフ巨大地震と推定される最古の記録とされている。古代人ならずとも、奇蹟と呼ぶほかない大事件だろう。この恐るべき事象にあたり、島（のち半島）に神を祀るのは当然のことだったにちがいない。

　　　　　　　＊

　大瀬神社の祭神は引手力命。全国の古社を探してもこの神を祀るところはなく、この地独特の神である。その由来は定かではないが、白鳳地震のさい、多くの土地が海没した土佐国から土地を引いてきたことからその名があるいう。

　高波を避けるためか、そのお社は半島内でひときわ高い場所に築かれ、駿河湾に向けられている。漁民らにとって、湾内に突き出た大瀬崎のお社は目印にもなり、頼もしい守護神と映ったことだろう。拝殿脇には、海上安全の願掛けという赤いフンドシが奉納されている。

　また、漁船を進水するにあたり、その縮尺模型を奉納する風習もあり、絵馬奉納殿

にはそれらが展示されている。

大瀬崎の不思議の一は、神池にある。

池明神（水波之売神）を祀るその池は、直径約100メートルほどの大きさである。海抜は約2メートル、海面からの最短距離はわずか20メートルほどだが、驚くべきことにその水は淡水である。コイやフナ、ナマズなど数万尾が生息しているといい、池のほとりに立つと、おびただしい数のコイが口を開けてきた。

神池の出現は、白鳳地震の以前にこの地にあったという火山が関係し、火山の溶岩流の隙間に染みこんだ伏流水が湧き出したものと考えられている。だが、科学的調査などは行われておらず、伝説によって保護されていると案内板は伝えている。

いわく「池および魚に依って種々の心願を掛け、もし池に入り魚を害するときは神罰覿面」で、「昔より今にこの不成文の禁を犯したる者があるいは死し、あるいは精神喪失その他不慮の危難に遭遇」するとのことである。

*

引手力命は武将らにも信仰されたという。剛弓の使い手で知られる源為朝のほか、源頼朝と北条政子は源氏の再興を祈願して弓矢、兜、鏡、太刀などを奉納、鎌倉幕府が成立したのちは多くの武将がそれに倣ったという。

池のまわりを歩いていると、「鈴木繁伴館跡」の案内板があった。室町時代に活躍した熊野水軍の武将の居館跡とされている。

繁伴は、紀伊（和歌山）の豪族で、藤白鈴木氏の当主。後醍醐天皇が鎌倉幕府倒幕の旗を挙げたとき、幕府執権・北条高時の命で熊野に来た護良親王と戦ったが、幕府が倒れ、海路で伊豆に下向し江梨村（現沼津市）に潜伏した。

天皇の建武の新政が失敗して本拠の紀伊藤白に戻ったが、今度は足利尊氏と弟の直義との争いに巻き込まれ、直義派についた繁伴はふたたび江梨村に逃れ、村の先端に位置する大瀬崎に居を構えたという。

当初、海に囲まれた大瀬崎を守りに堅い拠点と考えたのかもしれない。しかし、ついに紀伊に再帰還はかなわず、繁伴は大瀬神社で祭祀にいそしんだと伝わる。

岬の先端に与謝野鉄幹の歌碑があった。「船を捨て　異国の磯のここちして　大樹の栢の　陰を踏むかな」

鉄幹はこの地の景観に感動して詠んだというが、筆者には、この地にたどり着いた熊野水軍の将・鈴木繁伴の運命にこと寄せた歌に思えてならなかった。

驚異のビャクシン樹林

与 謝野鉄幹が詠みこんだ「大樹の栢」とは、大瀬崎を覆い尽くすビャクシン樹林を指している。今回の参詣のきっかけは、その御神木の写真を見たことだった。

半島の奥へと進むと、灯台の近くにそれが立っていた。

「周囲七米（メートル）、推定樹令壱千五百年以上、岬随一の大木である、一名夫婦（めおと）びゃくしんが大瀬神社の御神木として、引手力命の分霊をここに祀る」（案内板）

「夫婦」というより、それ自身がひとつの巨大な生き物たる様相を呈している。とくに御祭神の分霊を祀る正面からの容貌は、一つ目のようなウロでこちらを見つめ、何事かを告げているようだ。縦に入った亀裂は、長い時間をかけて表皮がはがれ、あるいは太縄をねじったように絡みあい、生の壮絶さを思わせる。

幹の太さに比して枝が細く、ところどころ折れているのは、この岬に吹き付ける強風が容易に枝を伸ばすことを許さないからだろう。ほかの木もどれもひとつとして似たような樹相にならず、ときに身をひねり、木質部をむき出しにし、あるいは這うようにして、それぞれ過酷な環境に耐えふんばっている。

なお、岬の全域が国内最大規模のビャクシン群生地になっており、その全体が国指定天然記念物にして、大瀬神社の御神木である。その数約130本。巨木が多いのも特徴で、幹回り3メートル以上の巨樹も28本確認されているという。

その複雑で玄妙な景色は、天然のアートであり、巨大な盆栽である。ぜひ散策路を周回し、堪能されたしである。

＊

強い風のなか、岬の突端に出て駿河湾越しの富士山を眺める。

足許には荒波に削られ、運ばれたと思しき角の取れた丸石がゴロゴロしている。巨樹・怪樹に目を奪われていたが、岬の各所でこの浜石が手向けられていた。

石積みの願掛けは各地の霊場でも見かけるが、大瀬崎のそれは特別視されているようで、漁民はこれを持ち帰ってはならないといわれているらしい。一方で、大瀬まつりのさいは浜辺の石を拾って船に持ち込む風習もあるという。

いずれにせよ、潮に洗われ、この浜に打ち上げられた石は、霊力が籠もり、祓えの呪力をそなえたものと見なされたのだろう。

この岬（御崎）では、石にも木にも、池の水にも不思議が宿り、祭神との縁が語られているようだ。奇蹟の島ならではといえるだろう。

大瀬神社神域のビャクシン樹叢より。風雨・潮風と波濤にさらされる厳しい環境のため、他の樹木が生育できず、生命力の強いビャクシンだけが生き残って樹叢を形成したのだろう。大瀬崎では130本あまりを数え、その規模の大きさと北限のビャクシン樹林として国指定天然記念物になっている。幹はねじれがちで、激しい風雨を受けて縦横無尽に姿を変え、さらに樹齢を重ねた木は樹皮を剥離させる。また、幹が腐朽し、空洞化してもなおお命を永らえさせるという。結果、大瀬崎のビャクシンはすさまじい樹相となり、天然自然の盆栽アートの様相を呈している。

樹霊たちの妖怪変化

vol.07／三峯神社

生けるお犬さま信仰が息づく山

三峯神社は思いのほか遠い。

グーグル検索で東京都心から電車とバスで3時間半超。時間だけの比較でいえば、京都の社寺より遠く、伊勢神宮や奈良の東大寺よりやや近いという検索結果となる。

かつて三峯神社は、「縁がなければたどり着くことができない」といわれていた。それだけの難所だったわけだが、交通事情が改善された現在も、参詣のハードルは決して低くはない。だからこそ詣でる価値もあるというものだが、それ以上に、ここでなければと人に強く思わせるサムシングが潜んでいるようだ。

「三峯には行った？」

人からそう問われ、答えに窮すこと数回。そんな折り、雑誌取材の依頼を受けた。有難いことに、ようやく私もご縁をいただけたようだ。

三峯神社神域入り口の白い三ツ鳥居と、その手前に坐すオオカミ＝御眷属様の像。

Saitama

【三峯神社】埼玉県秩父市三峰
主祭神は伊弉諾尊、伊弉册尊。西武秩父
駅下車、三峯神社行き西武バスで 約1時
間15分。または秩父鉄道・三峰口から同
バスで三峯神社へ。奥宮へは、三峯神社
から徒歩1時間20分。

標高1100メートルの神々の気配

①遙拝殿。正面に仰ぎ見るラクダの背のような峰々の頂点、妙法ヶ岳の頂点(標高1329メートル)に三峯神社奥宮がある。②巨大な扁額が印象的な随身門。ここが1100メートル超の山奥であることを忘れるほど、参詣者の列が途切れずつづいている。③ついにご神前へ。銅鳥居の奥にあらわれる絢爛たる装飾のご社殿に思わず感嘆の声が上がる。④拝殿手前左右にそびえ立つスギの御神木。かつては写真のように幹に手をついて祈る人の姿は定番の光景だった。⑤現在授与されている「氣守」4色。⑥平成24年、拝殿前の敷石にあらわれたという龍頭。その年の干支でもあり、奇瑞として参詣者を驚かせた。

⑤

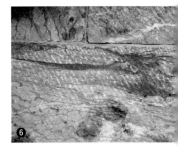

⑥

御神木の「氣」を納めた
人気の「氣守」

標　高１１００メートルの山上に
坐す三峯神社の神域は、やは
り格別の趣であった。奥秩父
の景観が眼前に迫り、高地ならではの空気
感が参詣者の心を高揚させる。

　まず目に入るのは白い三ツ鳥居。三輪鳥
居とも呼ばれる様式だが、白の鳥居は類例
のない珍しいものだ。参道を進むと、やが
て右手に奥宮遥拝殿へとつづく石段があら
われる。遥拝殿は大岩壁にせり出したテラ
ス状の建物で、奥宮のある妙法ヶ岳の頂を
仰ぎ見る仕掛けになっている。眼前には息
を呑む絶景が広がっていた。

　踵を返すと、随身門に掛けられた扁額の
「三峯山」の金文字が、折からの積雪に照
り返されてキラキラと輝かせている。その
門をくぐり、やや下り勾配になったヒノキ
の森を進むと、いよいよご社殿である。

　急な石段を登るごとにその姿をあらわす
お社は、目を見張らせるものだった。

　この山上にしてこのご社殿。金色を配し
た極彩色の装飾にしばし目を奪われている
と、ほどなく社殿手前の両脇にずどんとそ
びえるスギの御神木に気づかされる。

　神殿を守護するように聳える一対のう
ち、向かって右が目通り幹回り7.2メート
ル、左は同6.8メートル。高さは30メー
トルに達し、樹齢は約800年とされている。
別名を「重忠杉（しげただすぎ）」という。「坂東武士の鑑」
と讃えられた鎌倉初期の武将・畠山重忠
（1164-1205）にちなんだ名称である。

＊

　畠山重忠は、当社を参詣し、このスギを
植樹・奉納したと伝わっている。

　社伝によれば、「養和元年（1181）、秩父
庄司・畠山重忠は祈願の筋あり、願文を納
めて切に神助を祈」ったとある。おそら
く、このとき重忠はみずからの命運をスギ
の苗木に託し、三峯の神前に植えたのだろ
う。そして「霊験あらたかに顕れ」たとい
う。重忠はその神験を恐れかしこみ、建久
6年（1195）に御礼として三峯社に広大な
土地を寄進している。

　この間、重忠は平氏の出ながら鎌倉幕府
の重臣として活躍し、武士としての誉を得
た。それから800年。重忠杉は大願成就の
縁起を秘めた御神木として大樹に生長し、
参詣者らに仰がれている。

　もとより、神木は神霊の依り代であり、
ヒモロギ（霊が籠る木）とされている。

　つい最近、コロナ禍の以前までは、2本
の御神木の周辺に木製の回廊も設けられ、

手をついて祈る人たちが列をなしていた。そのため幹の一部はややくぼみ、変色してツルツルの風合いとなっていた（写真）。

しかし今（2021年春現在）、ウイルス感染の予防のため、御神木との接触は叶わなくなってしまっている。神縁を実感する機会が失われたのは残念だが、その代わりというべきアイテムはある。ほかならぬ「氣守（きまもり）」である。「三峯神社の境内は霊気・神気に満ち溢れており、その『氣』を多くの人に分かつべく神木を納めて頒布した」（説明書より）ものという。

氣守といえば、「ついたち参り」の限定品として別格の扱いを受けていたのが「白の氣守」だった（現在は頒布休止中）。なぜ白なのか。白は神聖・純潔の象徴であり、太陽の光（陽気）をあらわし、再生とはじまりを象徴しているといわれるが、とりわけ三峯神社にとって「白」（先の鳥居も同様）は特別な意味をもつという。

権禰宜の山中俊宣さんはいう。

「当社はヤマトタケル尊が来山され、イザナギ・イザナミ命を祀ったことにはじまるのですが、尊をここに導いたのが白いオオカミだったといわれているのです」

＊

三峯神社にオオカミは欠かせない存在である。その阿吽（あうん）一対の石像は境内の各所に配され、存在感を誇示している。氏子・崇敬者の方からは「お犬さま」と呼ばれ、「御眷属様（ごけんぞく）」の尊称でも知られている。

眷属とはご祭神の御使い（神使）の意味だが、それはただの御使ではない。三峯をはじめとする秩父、奥武蔵の各社に伝わる神使オオカミは、「大口真神（おおくちのまがみ）」というれっきとした神名を有しているのだ。

「ですから、われわれのいう大口真神は神様としてのオオカミ。動物そのものではないのです」（山中氏）

その霊験のほどを物語る逸話や伝説は枚挙にいとまがないが、まず注目すべきは、その「験」をいただくことを当社では「御眷属拝借」と呼んでいることだ。

形のうえでは、神社一般で行われている神札の授与にあたるのだが、当社ではとくに「御眷属様を貸し出す」という表現をしている（だから再度、お返しに参らなければならない）。ちなみに、その申し込み受付の紙を見ると、数を記入する欄には「〇体」（〇は空欄）とある。

つまりは神霊の移し（御霊代）ではなく神霊そのもの、その"現物"を貸すというニュアンスなのだろうか。

事実、縁起や史料を読むと、それらしいことが書いてあるのだ。

1

御眷属様にして大口真神

2

3

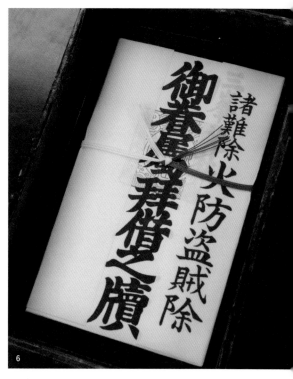

①大口真神（御眷属様）を祀る「御仮屋」。居場所がつかめない「お犬さま」に祈りを捧げるための仮のお社。②「御仮屋」お社内に安置された子持ち石像。かつて山中でオオカミのお産があると、その場所にお供えする習慣があった。③本殿につづく石段脇の御眷属像。④、⑤白い三ツ鳥居の手前に左右一対で鎮座する「白いお犬さま」。

⑥「御眷属様拝借之牘」。かつて「御眷属を受けて帰ったら、さっそく仮宮（神棚）に祀り、注連縄を張って御神酒と洗米をたてまつり、不潔の者の立ち入らぬよう」と細かく指導された。⑦「悪疫除」（右）と「四足除」（左）のお札。江戸末期、ペストが流行ったときも、ご神徳を発揮された。中央は戸口などに貼られる汎用札。⑧「御眷属様拝借之牘」とセットで授与されたお札。こちらは家屋の入り口などに貼る。

お札ではなく、
ショウ（正体）でお借りしたい

三　峯神社の由緒を伝える『當山大縁起』にはこうある。

「山神は元来、山の氣の勇猛をもちて、撰びてこれを使者とす。これにより当山に参詣して擁護を祈る輩は、神前に誓いて狼を借り、その家を防ぎてその身を安んずること、霊験は挙げて数ふるに遑（いとま）あらず。これ万人の存る処なり。禽獣をもって使者とすることなり」

つまり、当社は勇猛な山の氣を発揮する山神を使者としており、その力をいただきたい者は、「狼を借り」よという。さらに念押しするように「禽獣をもって使者とすること」とも書かれている。

これではまるで生きているオオカミをレンタルしたように読めるのだが、本当のところはどうなのだろう。

「そのあたりの解釈は難しいんですよ」と山中氏。「文章で伝わっているだけですから、今は調べようもない。いっぽうで、昔はこの山中に狼がたくさんいましたから、本物のオオカミを捕まえて貸したのかもしれませんし……」

そのあたりの事情は、『三峯神社誌』(1968年)にこう書かれていた。

「御眷属さまを神札で借りるばかりではな

く、ショウ（正体）でお借りしたいと申し出る人がよくあった。信州から来たというある人が、祈願も済んでいざ縄をかけてお連れしようという段になったが、ものの一町もいかないと思うころにまた戻り帰ってきた。『とても恐ろしくてショウではお連れするわけにはいかない。あらためて神札でお借りしたい』ということであった。御眷属さまを数えるのに、いまでは何体と呼ぶが、昔は何匹と生きものを数える呼び方で数えたものである」

*

現在、かつて秩父の山中に生息していたというニホンオオカミは絶滅したといわれて久しい（日本全国でも、明治時代の末に絶滅したとされている）。しかし今なお「拝借」という言葉が用いられるのは、「生きた神霊を一時的にお借りする」という考え方が生きているからだ。もっと言えば、生きた（ショウの）御眷属様であればこそ霊験あらたかだとする信仰がこの山にはある。

そのご神徳は、もとは山間の田畑を荒らす猪や鹿を補食してくれる「四足除け」にはじまり、信仰の都市部への流入につれて盗賊除けや火難除け、その他もろもろの厄難から家を守ってくれる守護神へと広がっ

た。そして今なお、絶大な霊験を発揮されるとして「拝借」を願い出る人は絶えない。

このほか、食害をもたらす動物を除けることから、人間に憑いた四つ足動物（いわゆるキツネやタヌキ）を祓ってくれるという信仰も根強い。「狐憑きに遭ったから落としてほしい」という祈祷の依頼もしばしば受けるという。

「われわれはそれが憑いているか落ちたかを判断するのではなく、その祈願を神さまにお伝えするだけなのです」と山中氏はいうが、「見た目には、どうしてしまったのだろうと思うような方が、ご祈祷ののちに平静を取り戻して帰られるということはよくあります」（山中氏）

*

ほかならぬ三峯神社自身も、御眷属の力で救われた歴史があるという。

「神仏習合の時代だった江戸のころ、当社が衰退していた時期がありました。そこに日光法印というお坊さんがいらっしゃって、十一面観音の前で拝んでいたところ、山のなかからオオカミがたくさん出てきて『われわれの力を全国に貸し出せば三峯山の霊験が世に広まるだろう』と告げたと伝わっています」（山中氏）

この伝承は、今につづく「御眷属様拝借」の起源を伝えるものであると同時に、三峯神社が霊験あらたかな神社として名を馳せるきっかけになった逸話でもある。三峯山の「お犬さま」は、ヤマトタケル尊を助けて当社の発祥にかかわり、存亡の危機にあっては社運興隆のきっかけをつくったわけである。

境内奥の山中、近年人気だという「縁結びの木」（モミノキとヒノキが寄り添い、一本をなしている）の先に、御仮屋神社（遠宮）がある。御眷属（大口真神）を祀る神社なのだが、なぜ「仮屋」なのかといえば、「御眷属は深い山中に身をひそめられている為」（神社ＨＰ）であるという。

もともと山中にすまうオオカミに供物を捧げる場だったのだろう。今も毎月19日に赤飯を焚いてお供えし、祭儀（御焚上祭）が行われている。翌朝にはさげられるのだが、ときに供物がなくなっていることもあるらしい。また、当社の石段にお犬さまの足跡が残っているといった話もこの山では当たり前に語られている。

そんな三峯神社で「拝借」する御眷属は、崇敬者にとって「困っている人のところに直接行って霊験をあらわしてくれるお犬さま」にほかならないのだろう。

まことに頼もしい守護神というほかないではないか。

山上のお社の奥に
「奥宮」と「奥の奥宮」があった

特別な場所はそれなりの長さの"参道"が
要る。

武蔵御嶽神社の場合、ＪＲ中央線から青梅
線、御岳山ケーブルカーとつづく一連のプロ
セスを経ることで、参詣者の心持ちは仕上
がっていくのだ。

標高929メートルの武州御嶽山の９合目
付近には、数十軒の御師宿（宿坊）が軒を連ね
ている。そんな「天空の御師集落」は、おそら
く日本でもここだけだろう。その集落を抜け
天に通じるような石段を上りつめ、お社に迎
えられる感覚は格別である。

だが、今回はその参詣だけが目的ではない。

前回、本殿の真裏、大口真神社の脇にある
「奥宮遙拝所」から奥ノ院峰をはじめて拝し
たときの感慨を胸に、改めてこのお山の奥へ
と分け入ってみたのである。

武蔵御嶽神社の拝殿。

①本社拝殿につづく最後の石段。　②ケーブルカー御岳山駅近くの参道から拝する山頂付近。山肌に御師集落も見える。③宿坊のひとつ馬場家御師住宅（東京都指定有形文化財）。④集落のヌシというべき「神代欅」。推定樹齢1000年とも。

⑤大口真神社の脇にある奥宮遥拝所。美しい三角錐の山（奥の院峰）に祀られる奥宮に拝礼する。⑥旧武蔵国（埼玉・東京・神奈川の一部）の多くの家々の門口に貼られている大口真神（おいぬ様）のお札。⑦太占祭斎場。毎年1月3日の早朝、太古より伝わる「太占祭」がここで斎行される。⑧本殿裏の奥座敷に祀られている大口真神社。

奥宮遥拝所

お社の裏に古代があった

武藏國
御嶽山
大口眞神

6

7

8

古代の地主神と修験道の主尊
そして「おいぬ様」

参 道のラスト、まっすぐで急な石段を上ると、「御嶽山」の大きな金文字に迎えられる。

参拝し、うしろを振り返ると、関東平野の大景観が広がっている。毎回ここで声をあげてしまうのだが、とりわけ最初に訪れたときに見た夜景は鮮烈に記憶に残っている。天候によってはここから筑波山まで見渡せるという。

ここから見える土地は、その土地からも拝むことができる。当社が「関八州総守護社」と呼ばれるのは、御嶽山が関東一円を"みはるかす"山であったことと無関係ではないだろう。かつて徳川家康が"江戸の西の護り"として社殿を南面から東面に改めさせたというが、さすがの慧眼である。

のみならず、多摩川の源流に位置することから、私の住む多摩川河岸エリアにも「御嶽講」（崇敬者の団体）がいくつも存続している。農家にとって御嶽の神は、みずからの生殺与奪を握る水源の神でもあるのだ。

関東各地の「講」は山中の特定の御師と結びついており、宿坊の入り口に「○○講」の石碑が建ち並んでいる。この御師と講の関係あってこそ、御師集落がいまも廃れることなく残され、ユニークな景観が保たれ

ているのだ。

*

武蔵御嶽神社の歴史は、大きく3つの階層からなる。ひとつが、平安時代前期の公文書『延喜式』に記載された古社としての側面。旧称を大麻止乃豆乃天神社といい、主祭神の櫛真智命は当地の地主神で、聞き慣れないその神名は、「奇しき真の智慧をつかさどる神」を意味している。

ふたつ目が、金剛蔵王権現を祀る山岳修験の道場としての側面。「御嶽」の名は、高く険しい山の尊称だが、直接には修験道の本山・大和（奈良県）の大峰山を「金の御嶽」と呼んだことに由来する。蔵王権現は大峰山を発祥とする仏神で、中世から近世にかけての神仏習合時代、この山の主尊として拝まれてきた。

そしてもうひとつの側面が、大口真神、すなわち「おいぬ様」を祀る山としての信仰だ。秩父の三峯山や宝登山と同じく、神使オオカミは「講中」を超えた人気で、そのお姿が印されたお札は近所の門口でもよく見かける。

当社ではその由緒をこう伝えている。

その昔、日本武尊が東征のおり、この御嶽山から信越方面に進発しようとしたとこ

ろ、深山にて邪神が白鹿と化して道をふさ
ぎ、妖しき濃霧を起こした。このため尊ら
は道に迷ってしまったが、そこに白狼が忽
然とあらわれ、一行を導き、危難を免れた
という。そして尊は白狼に、「大口真神と
してこの山にとどまるように」と仰せられ、
その縁由により、邪神・悪獣・火災・盗難
の難を除ける守護神として信仰されるよう
になった――。

*

　ふと社殿の脇からその裏側、境内の奥へ
と足を踏み入れてみた。

　思いのほか奥行きのある空間が広がり、
さまざまな摂社が祀られている。ひときわ
目を引く黒漆塗のお社は、常盤堅磐社（全
国一宮の神々を合祀）。ぴかぴかに修復が
施されているが、旧本殿を遷したもので、
16世紀初頭に建造された桃山様式の社殿
という。お隣の朱塗りの皇御孫社ともども、
深い由緒を偲ばせている。

　さらにその奥があった。

　10段ほどの石段を昇ってその奥座敷に
上がると、これまでとはちがう空気感に包
まれる。目の前には大口真神社。華美では
ないが、丁重に祀られているのがわかる素
木の社である。神門から中をうかがうと、
不意にそれと目が合った。「おいぬ様」で
ある。ただならぬ気配を放つものの正体は
これだったか。

　やや神妙に礼拝をすますと、その右脇、
一段下がった場所に何もない不思議な空間

があった。「太占祭斎場」という。のちに
聞いたところ、毎年1月3日、ここで「太
占祭」が行われているという。それは非公
開の秘祭で、鹿の肩甲骨を斎火であぶり、
生じたひび割れの位置で25品目の農作物
の吉凶を占うとのことだ。

　須崎裕宮司によれば、「やっているのは、
全国でも群馬の一之宮貫前神社と当社だけ。
なかでも直火で占うウチのやり方はもっと
も古いスタイル」だという。なぜここでと
いう問いに、宮司は「祭神のクシマチ命は
占いの神さまだから」とひと言。

　武蔵御嶽神社の本殿奥には、どうやら「古
代」が隠されているようだ。

　それをリアルに実感させてくれたのが、
「奥宮遥拝所」からの景観だった。その山
容を神の山として拝む感性は、おそらく神
社以前にさかのぼるものだ。この境内はも
ともと奥宮の山を拝するための場だったの
ではないかとすら思う。

「そういう説もあります」と須崎宮司。さ
らにこう付け加えた。

「大事なものは奥にある。それは絶対まち
がいない」

武州御嶽山の奥の奥へ——

①奥の院峰山頂。大きな露岩と木の根に覆われ、特別な気配が漂う。②奥宮の登拝口の鳥居脇にある「天狗の腰掛け杉」。いわば奥宮の門番である。③日本武尊を祀る奥宮（男具那社）。大口真神信仰もここから始まる。④登拝道のクライマックスともいうべき鎖場。左に切り立った崖が見える。

⑤奥の院峰を下り、さらに谷を下った場所にある天狗岩。⑥天狗岩を鎖を頼りによじ登ると、おびただしい木の根の先に天狗像が見えてくる。⑦天狗像の裏側は切り立った岩壁である。⑧天狗岩からつづく道の先にある綾広の滝。祓戸大神を祀る滝行場である。

神々とつながる
御神木とイワクラ、そして滝

武蔵御嶽神社の参道脇から、奥ノ院峰への道を進む。

奥ノ院とは神仏習合時代からの慣用で、神社としては奥宮と呼んでいる。このほか、男具那峰や甲籠山という山名でも呼ばれている。オグナとは、日本武尊の別名で、奥宮の祭神に祀られていることからその名がある。甲籠山は、尊が東国平定を成就してこの山に帰り、身に着けた甲冑を脱いで「永く岩倉に納めた（籠めた）」とする故事に由来している。

ちなみに、「武蔵」の国名は、日本武尊の武具を蔵する山に発祥したともいわれている。御嶽神社が武蔵国および関八州の鎮護を担い、東国武将の信仰を集めることになった根拠は、まさにこの伝説的事跡にあったのである。

奥ノ院峰の入り口となる鳥居の脇に印象的なスギの神木があった。「天狗の腰掛け杉」と呼ばれている。根元から数メートルのところで大枝がUの字に湾曲しており、そこに天狗が坐すらしい。

このスギは、神域と外の世界とを分ける結界の御柱である。この種の神木には、不浄の者はここで天狗より罰を受けるという話が付きものだが、そうでない者は、入山

が許され、祓っていただいたと受け止め、挨拶ぐらいはしておこう（ちなみにこの日、奥ノ院峰で怪我人が発生したらしい）。

ここから山頂までの高低差は３００メートル足らず。軽登山かハイキングのレベルだが、秀麗な円錐形の山だけに、それなりの登りがつづくのは覚悟しておきたい。

＊

本来は参道（登拝道）と言うべき山道の大半は、浮き出た木の根に多く覆われていた。それは登り降りのステップにはなるが、しばしば足を取られてしまう。表土が雨風で流された結果だが、やがて、この山がもともと土壌に乏しく、地中に根を伸ばしにくい岩山だったからではないかということに思い至る。というのも、この山の本来の姿と思しき大岩壁があらわれたのだ。鸚鵡岩といい、声をあげれば返ってくることからそう呼ばれている。

そして参道は、一番の難所である鎖場へ。ここでは切り立った断崖沿いの狭い道を鎖を手に進まなければならない。用心すればそれほど危険ではないが、ここが修験道の行場だったことを偲ばせるには十分だ。

ふと、かつて登拝した大峰山・山上ヶ岳を思い出す。やはり山中の各所に岩場があ

り、四肢を駆使し、心を空っぽにして伏せ登った記憶がある。こうして聖なる山と一体となるのが修験道の本質なのだが、その本尊である金剛蔵王権現が顕現したのが、山上ヶ岳の湧出岩（ゆうしゅついわ）と呼ばれる巨岩塊だった。

なるほど、だからこの山が蔵王権現が坐（ま）す「武蔵の御嶽」に見立てられたのかもしれない。

おそらくは、日本武尊が甲冑を納めた「岩倉」は、神宿る岩を意味する「磐座」でもあったのだろう。言葉遊びのようだが、蔵王権現をイワクラの王だと見なせば、両者の信仰はつながってくる。ともあれ、そういった信仰が発生するのも、三角錐の山を神の山として崇める古代的な感性があってこそだろう。

*

奥宮（男具那社）は、山頂近くの崖をわずかに開いた場所にあった。そのあたりからは南東に開けた武蔵・相模にまたがる大景観が広がる。参拝し、ひと心地ついていると、たまたま居合わせた人が、この奥があるという。半信半疑でよじ登ってみると、確かにそこは山頂で、20畳ほどの平地が広がっていた。そこに石造の祠が一基。その前に露出した岩があり、残った地面は木の根で覆われていた。

神域のセオリーからすれば、本来は足を踏み入れてはいけない場所だったのかもしれない。あとで調べた古い案内書には、「世に奥の奥院と称えて、口碑（こうひ）に、日本武尊の四方を展望あらせらりし遺蹟なりと伝ふ」（『武州御嶽山』明治45年）とあった。「奥の奥院」、つまり奥宮の奥に「奥の奥宮」あり、なのである。

御嶽山には、ほかにも神宿る自然物と全身でコンタクトできるポイントがある。

特筆すべきは天狗岩。高さ十数メートルほどの巨岩に見えるが、その裏に回ると、山肌にそそり立つ大岩塊の一部であることに気づかされる。鎖が垂らされ、よじ登ることができる仕様になっているのは、修験の行場だった名残だろう。岩場のふたつのピークには天狗像が建ち（写真）、天狗界のトップ・愛宕神を祀る小社もある。

そして、七代の滝と綾広の滝。ともに滝行の場だが、とりわけ後者は祓所大神を祀る禊場として整えられている。本来は奥宮登拝の前に来るべきかもしれないが、水辺に腰を下ろし、疲れを癒しつつ心身が浄化されていく感覚はまた格別だ。

「山と木と岩、そして川や滝。みんな神とつながっている」と須崎宮司。

武州御嶽山は、それらすべてが備わった聖域なのである。

vol.09／比婆山熊野神社

イザナミ命が眠る
比婆山「妣の国」へ

『古事記』に、「スサノオ命の涕泣（ていきゅう）」という
くだりがある。

　スサノオは、父イザナギの命にも従わず、
泣いてばかりいた。「なぜお前は泣いてば
かりなのか」と父が聞くと、スサノオは「私
は亡くなった妣（はは）の国根の堅州国（かたすくに）に行って
みたいのです。だから泣いているのです」
と答えた。

　まったく困ったものだが、民俗学者で詩
人の折口信夫（おりぐちしのぶ）は、「『妣が国』は、われ／＼の
祖たちの恋慕した魂のふる郷であつたの
であらう」といい、スサノオの心情を代弁
している（「妣が国へ・常世へ」）。

　気が付けば私も、「妣の（が）国」を探しに
何度も出雲を訪ねていた。そして、とうと
う行き着いたのが、奥出雲から県境をまた
いだ先にあるこの神社だった。

Hiroshima

【比婆山熊野神社】広島県庄原市西城町熊野
正式には熊野神社で、主祭神は伊耶那美神。
JR芸備線「比婆山」駅からバスで16分（「イ
ザナミ茶屋前」下車／1日2便）、出雲空港よ
りクルマで1時間半、中国自動車道・庄原IC
から50分。

比婆山熊野神社の神域に入ると、ほどなくスギの巨樹に出迎えられる。

④二宮（祭神・速玉男神）を望む。手前に「神の蔵」と呼ばれる磐座があり、神社以前の祭祀の様相を伝えている。　⑤三宮（祭神・黄泉事解男神）。⑥さらに山中を登ると、「那智の滝」と呼ばれるポイントにたどり着く。

①境内一の巨木は「天狗の休み木」とも呼ばれ、幹周り8.27メートル。そのたもとには「県内第二位」と記された石柱が。②本殿前には境内三番目のスギが立つ。参道は神木スギをよけるようにつづいている。③本殿を参拝したのち、境内の奥へ。ほどなく「二宮・三宮」と掲げられた鳥居があらわれる。

時代の歩みを止めた
完璧な神域

古代的な信仰を呼び覚ます
古社の仕掛け

 サノオ命の涕泣」にいう「妣の国根の堅州国」とはどこなのか。

「妣」とは亡き母のことで、「根の堅州国（根の国）」とは地下の片隅の国を意味するという。スサノオが泣いて訴えたのは、要するに「あの世で母親と暮らしたい」ということだろう。母親とは、すなわちイザナミ命である。

ただし、スサノオはイザナミの腹から生まれたのではなかった。イザナミの没後、父イザナギの禊によってその鼻から生まれたと『古事記』に書かれている。

つまり、スサノオは、生まれながらして母とのつながりを断たれていた。その喪失の悲しさゆえにスサノオは「涕泣」し、思いを募らせたのである。

ちなみに「あの世」といえば、記紀神話では上記根の国と黄泉国のふたつが挙げられ、ともに地下の異界とみなされている。だが、イザナミ命が葬られた場所は、『古事記』にこう記されている。

「その神避りし伊耶那美神は、出雲國と伯伎國との堺の比婆の山に葬りき」

女神イザナミは、夫のイザナギとともに国土を生み、神々を生んだのち、最後に火の神を生んだところで火傷を負い亡くなった。その遺体を葬った場所が比婆山で、出雲（島根）と伯伎（鳥取）の境にあるという。

地下の異界（根の国）と地上の山（比婆山）は別の世界だが、ともに祖神がすまうと考えられた場所で、根の国が神話的想像力にもとづくのに対し、比婆山は現実世界の山で、しかるべき古の伝承にもとづく場と考えられている。

なかでも、私が一度は行ってみたいと熱望したのは、奥出雲のさらに奥にそびえる御陵の山とその遥拝所である。

＊

中国地方に伝わる比婆山伝承地はおもなもので5か所ある。

私が向かったのは、広島県庄原市に位置する比婆山（標高1264メートル）および、その東南麓に鎮座する熊野神社（比婆山熊野神社）である。

「比婆大社」の文字が刻まれた大鳥居に迎えられ、熊野神社の境内に足を踏み入れる。するとほどなく圧巻の光景に足止めを食らった。写真で見ただけでは伝わらない雰囲気と出会うことはままあるが、それはまさにこの境内だった。

参道の両脇に尋常ではないスギの巨木が

立っている。最初に出会うのが、境内一の幹回り（約8.3メートル）を誇る「天狗の休み木」、その近くに第二の大杉（同、約7.8メートル）がそびえ、社殿の手前に第三の大杉（同、約7.2メートル）が控えている。境内には幹回り3メートル以上のスギが101本を数えるといい、もっとも高い木は樹高56メートルにおよぶという。

まるで小人になったような気分だが、興味深いのが、参道がスキーのスラロームのように巨樹を避けるように延びていることだ。つまり、人の都合より神木の存在が優先されているのである。樹齢は古いもので千数百年ともいわれるが、定かではない。ただ、神域の歴史に見合うスケールであるのはまちがいあるまい。

境内の熊野神社略記によれば、祭神は伊邪那美神、創建は不詳で、「和銅六年（七一三）までは比婆大神社と称し、嘉祥元年（八四八）社号を熊野神社と改称す」と社伝に伝わっているという。

*

まさに神さびた風景というほかない。長い歴史を保ち、かつ人の手が極力加えられていない境内は、神々の時空にどっぷり浸ることができる。

本殿（一宮）の奥に進むと、二ノ宮手前に巨大なイワクラが鎮座していた。「神の蔵」といい、社殿造立以前はここで祭祀が行われたという。つまり比婆山を遥拝する場で営まれた古代祭祀の跡である。

二宮（祭神・速玉男神）につづき、三宮（祭神・黄泉事解男神）へ。ここからさらに奥宮というべき場所があるという。案内を頼りに急勾配の山道をひたすら登ると、岩壁を滑り落ちる水流があらわれた。通称「那智の滝」。奥出雲の船通山（スサノオ降臨の山）にある鳥上滝に対し、鳥尾滝とも呼ばれている。

この、三社一体の社殿（祭神）と那智滝からなる神域の構成は、紀州の熊野信仰のそれに酷似している。明治以前は、本社を熊野権現、二ノ宮を新宮権現、三ノ宮を飛瀧権現と称したとされることからも、その類似は明白である。

社伝にいうように、もとはイザナミ神を祀る比婆社だったのだろう。しかし、熊野信仰が隆盛した中世のどこかで、イワクラ信仰（新宮）と滝の信仰（飛瀧権現）の共通性から、紀州熊野信仰が流入したと考えられる。しかし、実のところ紀州熊野もまた、「妣の国（根の国）」信仰が濃厚に息づく聖地だったのである。

ではいよいよ、イザナミの御霊が鎮まる比婆山・御陵へと向かおう。

イザナミ命の
ふたつの「御陵」

①比婆山山頂の「御陵」。厚めの蓋石を思わせる巨石があり、その周囲を取り囲むように立つブナの老木が場の神々しさを演出している。②比婆山久米神社(下の宮、島根県安来市)。③島根県の比婆山(標高320メートル)山頂付近に鎮座する比婆山久米神社(奥の宮)。④本殿の奥にあるイザナミ命の「御陵」。石の瑞垣の内にこんもりとした墳丘をなしている。⑤奥宮社殿脇から見える北側の遠景。遠くに出雲半島の東端部が見える。当社は雲伯(島根・鳥取)を領有した尼子氏の祈願所で、尾根筋に「尼子道」が残されている。

出雲の黄泉国へ

那 智の滝から比婆山の頂まで古い参詣道がつづいているが、いったん下山し、最寄りの立烏帽子山駐車場までクルマで向かう。

しかし、断続的に続いていた小雨は、つづら折りのカーブを曲がるごとに雪に変わり、その粒はどんどん大きくなった。さすがに一千メートル級の山である。

まだ来るのは早い。そんなイザナミ命の思し召しだったのだろうか。駐車場（標高1170m）近くで天候はついに吹雪に変わった。あいにく人もクルマも雪山仕様ではない。断腸の思いで入山を諦め、他日を期すことになった。

以下、複数の手記をもとに、比婆山御陵の参詣記を要約してみたい。

——まず待ちかまえていたのは千引岩。黄泉国とこの世の境に置かれた岩である。ブナの純林を抜けると、広い山頂部に出る。そこで出迎えるのは門栂と呼ばれるイチイの老樹。その先に、瑞垣に囲まれた円丘があり、その上に御陵石と呼ばれる巨石が鎮座している。その周囲に7本のブナの老木が立ち、神々しさを演出している。

*

先述したように、比婆山伝承地はほかにもあった。

なかでも、本居宣長『古事記伝』以来、もっとも有力な比婆山比定地とされるのが、島根県安来市伯太町の比婆山（330メートル）である。現在、その山頂に比婆山久米神社の奥宮があり、麓に里宮が鎮座している。何より、その奥宮には「伊邪那美大神御神陵」が伝わっているという。

立烏帽子山駐車場をあとにして、急遽そちらまでクルマを飛ばした。

峠之内参道から山頂奥宮を目指す。かつての神仏習合時代の名残を残す比婆山の裏参道を登り、御陵峰山頂に到達。奥宮へと進むと、出雲造の本殿の裏に、石の瑞垣と木の塀に守られて、こんもりとした円墳が鎮まっていた。

印象的だったのは、木々のあいだから見える中海と出雲半島の景観である。ここはまさに「出雲と伯伎の境」にあり、松江や米子を見下ろす要衝だった。古代においては、里人からカムナビ（神宿る山）として仰ぎ見られたのだろう。

さらに後日、ここから松江方面に下った場所にある揖屋神社を詣でた。

祭神は伊弉冉命。その近くには、この世とあの世（黄泉国）との境目とされた黄泉比良坂の比定地があり、千引の岩とされる巨石もある（右ページ）。

「妣の国」をめぐる旅はまだまだ始まったばかりである。

①出雲の古社・揖夜神社（島根県松江市）背後の山を隔てた場所にある「黄泉比良坂伝承地」。いわば黄泉国の入り口である。②黄泉比良坂に置いて道を塞いだと伝わる千引石。③黄泉比良坂を背にしてつづく登り坂。『古事記』にいう「出雲国の伊賦夜坂」を思わせる。

【軍刀利神社】山梨県上野原市棡原
祭神は日本武尊。JR中央線「上野原」下
車、「井戸」行きバスで終点下車。軍刀利神
社までは徒歩23分。そこから約10分ほど
で奥ノ院。クルマでは中央高速・上野原IC
から約17分。

Yamanashi

vol.10／軍刀利神社

仙境の奥の院をめぐる伝説

「この世じゃない神社へ」というのが、この本のもともとのタイトル案だっ
た。どんな神社なのかと聞かれてもうまく答えられないが、不意にそんな場
所と出会うことはある。

　きっかけは、拙著『神木探偵』の下調べでカツラの巨樹を検索していると
きだった。その木はおびただしい数のヒコバエ(若木)をまとったその樹相
もさることながら、歴史を偲ばせる石段とお社、清冽な水辺が一体となって、
えも言われぬ景観を現出させていた。

　仙人がすまう「仙境」とは、こういう場所のことをいうのかもしれない。
そう思った。

　そこは軍刀利神社という珍しい社名の神社の奥の院らしい。とりあえず
私は中央本線に乗り、上野原駅からバスでその終点に向かった。

「奥之院」の額が掲げられた鳥居越しに拝する大カツラとお社。

①

泉のほとりに
そびえる
御神木

①軍刀利神社の本殿につづく
長い参道の石段。②拝殿前に
は、刀剣のモニュメント（写真中
央）。明治以後、当社は社名もあ
いまって霊験あらたかな軍神と
して崇められ、戦前は出征兵士
らの武運長久の祈りの場だった。
③本殿の壁面に彫られた精緻な
彫刻にはっとさせられる。④大
カツラが御神体として屹立して
いる奥の院（奥宮）の景観。カツ
ラは数多くの幹の集合体で、束
ねた幹周りは約9メートル、樹
高は31メートル。

③

②

大カツラに降り立つ
豪雨をもたらす神

軍 刀利神社のグンダリとは、密教でいう五大明王の一・軍荼利明王に由来するもので、当社は明治以前、軍荼利夜叉明王社と呼ばれていたらしい。軍荼利明王といっても一般にはなじみが薄いが、関東では房総半島や奥武蔵の山寺にも独尊で祀られており、在地の守護神として信仰されている。

当社の創建は永承3年（1049）。もとは三国山（生藤山）の頂に鎮座していた（現在も元宮がある）が、室町時代に西麓の現在地に遷り、武田信玄の奉献を受けるなど、広く信仰を集めていたようだ。

ところが、明治初年の廃仏運動を受け、仏教由来の社名を「軍刀利」と改称。主祭神は日本武尊に改められた。唐突な改変にも思えるが、関東の軍荼利信仰は多く日本武尊と結びついており（このあたりの謎は興味深いが、ここでは割愛）、伝承では日本武尊は東征の帰途この地で足を休め、奥ノ院の泉で長旅の疲れを癒したとも伝わっている。

さて、バスは終点の「井戸」に到着。井戸集落からの参道は途中から急坂となり、やがて軍刀利神社の本殿に向かう長い長い石段に迎えられた。

*

民俗研究家で登山家の岩科小一郎は、「軍荼利山縁起」と題した一文に興味深い伝承を書き残している。以下、要約してみよう。

——（山頂の）平地に小さな祠（元宮）があり、願いごとは何でも叶えると人気だったが、祠の扉を開けてご神体を見れば目がつぶれると言い伝えられていた。

あるとき無茶な男がいて、こっそり扉を開けて中を覗いた。するとさっと白光がほとばしり、ひとつの黒影が飛び去って数百メートル下の大カツラに降り立った。その瞬間、元社前の大ケヤキが根元から折れ、同時に沛然と豪雨が来た。

村人らが神主を押し立てカツラのもとに行くと、そこに黒光りする荒彫りの木像があった。村人らはその像を神社本殿に祀り籠めると、豪雨もぴたりとやんだ。

その後、同じような怪異があり、そのつど村人らは豪雨のなか木像を探す事態となり、ついには木像を鎖で搦めてしまった。ところがのち、村人はこの像を雨乞いに用いることを思いつき、干天になれば扉を開けて雨を得た。『この雨乞いの当たらなかったためしはない』といわれている。（『山麓滞在』昭和17年より）

ご神体の木像はその後どうなっているのだろう。気になるところである。

ともあれ、神名は明かされていないその木像は、本来の御神体である軍荼利明王像だろう。この明王は、何匹もの蛇を身にまとった姿であらわされ、龍蛇の支配者ともいわれている。ちなみに、龍蛇は水をつかさどる存在である。封印を解かれた明王は、大カツラを依り代に、そのたもとに降り立ち、龍蛇を駆使して思うがままに雨を降らせた——と、右の伝説を読み解くことができるかもしれない。

本殿をあとにして、いよいよ奥の院への道へ。急坂の舗装道路は、途中から完全な山道になり、やがて木の鳥居が遠くに見えてきた。その額束の「奥之院」という文字を確認するとほどなく、その奥に萌えあがる針山のような大ケヤキの特異な樹相が目に飛び込んできた。

せせらぎの音が聞こえる。向かって右奥から清水が流れ下り、彼岸と此岸を分けるように参道を横切っていた。月並みな表現だが、夢に出てきそうな光景である。

*

大カツラは「水木様」とも呼ばれている。それはカツラが清らかな水辺とともにあるからだが、その圧倒的な存在感を目の当たりにすると、カミの依り代というよりは、むしろこちらが水の力（龍蛇）を支配する御神体だったのではないかとも思えてくる。

ちなみに、この木は「縁結びの木」とも呼ばれている。2本の主幹が寄り添い、たくさんのヒコバエ（「孫生え」とも書く）を生じていることに由来するのだろう。だとすれば、御利益は子孫繁栄や不老長寿といったほうがよりふさわしい気がする。まさに「神仙境」のパワースポットである。

後で知ったことだが、井戸集落のある旧棡原村（ゆずりはらむら）は、事実、かつて日本一の長寿村として名を馳せていたらしい。かつての村の入口にある記念碑には、「古来、村人は健康で人情に篤く、粗衣粗食、耕雲種月の日々を楽しんできた。穀菜食を主とし、肉食を嗜まず女性は多産且つ母乳豊富、老人は皆天寿を全うしまさに、身土不二（しんどふじ）の桃源郷である」と書かれている。

帰途、一の鳥居のある集落まで下り、南西に開けた斜面を見下ろすと、山々の先に富士山が悠然と稜線を結んでいた。近景には井戸集落の人らが自給する畑地が広がり、梅が満開を迎えていた。まるで南画さながらの光景である。

バスの終点の先には、仙境とささやかな桃源郷があった。

①大カツラの脇には、井戸川の源流となる清冽な泉水が流れていた。②大カツラを背後から見ると、2本の主幹とヒコバエが針山のように天を指すのがわかる。③軍刀利山を下山すると、山々の奥に見事な富士山があらわれた。④井戸集落の斜面を利用した畑。ちょうど梅が満開の時期を迎えていた。

仙境の麗に
桃源郷が

異界神社 丼 ニッポンの奥宮

第二章

鬼神をあがめる
岩木山裏信仰

こんな都市伝説めいた噂話がある。
「岩木山の北麓、巌鬼山神社の裏山で鬼の腕が発見されたらしい」

まず気になったのは、岩木山と巌鬼山の表記だった。前者の読みは「いわきさん」で後者は「がんきさん」。似ているようでちがう。

調べると、青森を代表する霊峰・岩木山は３つの頂をもつ山であり、南東から北東方向に鳥海山、岩木山、巌鬼山とピークを連ねているという。巌鬼山はその北東峰で、またの名を赤倉山ともいう。

伝説では、巌鬼山（赤倉山）には鬼神が隠れ住んでおり、麓まで姿をあらわしていたという。そして今もその地域では鬼の信仰が息づいているらしい。以下は、そんな岩木山の東北鬼門エリアをめぐる探索行である。

Aomori

【岩木山東北麓の霊場】
ＪＲ弘前駅を基点とし、クルマで巡礼する場合、
①鬼神社（弘前市鬼沢菖蒲沢）／約30分
②巌鬼山神社（弘前市十腰内猿沢）／①より約15分
③大石神社（弘前市大森：赤倉霊場入口）／②より約13分。

赤倉霊場（青森県弘前市）に建つ鬼神（赤倉山大権現）像。

岩木山信仰
はじまりの宮

①巌鬼山神社。岩木山山頂から見て北北東の麓に鎮座する。②同社境内。2本の大杉（写真左）を擁し、向かって右側には沢が流れ、龍神が祀られている。③同社拝殿内。神仏習合の伝統を今にとどめ、津軽三十三観音・第5番札所の観音像（写真右下）が祀られている。④スギの御神木2本のうち、手前の1本。幹回り8・47メートル、高さ39メートル。⑤拝殿脇の御神木。こちらは幹回り9・63メートル、高さは41メートル。⑥境内の龍神社。赤倉龍神の御姿が彫られた石の御神体が祀られている

「鬼」の名を冠した
ふたつの神社

巌　鬼山神社（青森県弘前市十腰内）は、延暦15年（796）年、岩木山の「下居宮」（巌鬼山西方寺観音院）として創建された。

岩木山信仰を代表する社寺といえば、一般には南東麓の岩木山神社が知られているが、北東麓の当社が先に造られたらしい。お山への登拝も、もとは岩木山神社からのルートではなく、北東（赤倉）ルートが主流だったという。

「ところが、この道から登拝すると次々に災いが起こった。それは魑魅（山林の気から生じる化け物）の仕業だということで、平安時代（1091年）、神託によって南東麓の百沢に移されました（現在の岩木山神社）。人によっては、百沢・岩木山神社の信仰は『表（陽）』、こちら側は『裏（陰）』と呼ばれることもあります」

巌鬼山神社の長見宮司はそう語る。つまり、巌鬼山神社は、岩木山信仰発祥の元宮にして、「岩木山裏信仰」の聖地だったようだ。

確かに、ここには鬼の記憶が色濃く伝わっている。

深い森に抱かれた境内に、他の木々を圧倒する2本のスギが天を突いていた。樹齢は1000年といい、こんな伝説が残っている。

「その昔、当地の西郊（岩木山北西麓地方）に剛力の刀鍛冶がいて、鬼神太夫と呼ばれていた。あるとき10振の刀を打ち出し、みずから名剣だと誇ったが、そのうち一振が飛んで一本の杉の上に輝きを放ち、人々はそれを神と尊敬した。それが十腰内村のこの地（巌鬼山神社）であったという」（『津軽俗説選』より）

「剛力の鬼神太夫」とは、何ともいわくありげである。

この伝説は何を意味しているのか。かつて鉄を扱い、刀を鍛造するのは異人（鬼）の御業であり、人ならぬ鬼神の御業でこそ刀に神霊が宿ると考えられた。そしてその神霊がスギに依りつき、"しるし"をあらわしたということだろう。御神木はいわば、古の神霊出現を今に伝える存在なのである。

なお、当社には鬼神太夫との縁を思わせる名刀「鬼神丸」も伝わっている。

＊

鬼の伝承と産鉄・製鉄の地が結びつく例は全国各地で見られるもので、事実、岩木山の北西麓に位置する鰺ヶ沢町からは平安時代の大規模な製鉄炉跡が発見されている。とすれば、先の伝説も宝刀の存在も、製鉄・

鍛造の御業がこの地にもたらされたことを物語っているのかもしれない。

ともあれ巌鬼山神社は、お山の鬼（魑魅）と鍛冶神というふたつの"鬼"を背景に併せもつ聖地だったのである。

さて、今回の取材のきっかけとなった「鬼の腕のミイラ」だが、巌鬼山神社の語り部である長見宮司も首を捻るだけだった。しかし、取材の過程でわかってきたことがある。岩木山北東麓という地域が、鬼ときわめて近しい関係にあることだ。

十腰内地区からやや南に下った鬼沢という地区に、鬼神を祀る神社があった。

社名を鬼神社という。唯一無二の社名に違わず、その外見も類のないものだった。

拝殿前の鳥居の額束には「卍」。一般には仏教のシンボルとされる吉祥文である。また、拝殿の壁には鎌や鋤などの多数の農具が掲げられ、正面には、鬼の字の上に「ノ」がない異体字で記された「鬼神社」の額が掛けられている。

氏子総代の藤田さんは、「ここの鬼神さんはツノがない優しい鬼」なのだという。

*

当社の縁起として、こんな話が伝わっている。

「弥十郎という農夫が岩木山中の赤倉沢で大人（鬼）と親しくなり、力比べをしたり、相撲をとったりして遊んでいた。あるとき、弥十郎が自分らの村が水不足で水田を耕せずに困っていると大人に話すと、大人は、『私が仕事をするところは見ないように』と告げ、一夜にして赤倉の沢の上流に堰を造り、水を引いてくれた。村人は喜び、この堰を「鬼神堰」とも「逆堰」とも呼んで大人に感謝したが、弥十郎の妻が大人の仕事を見てしまったため、大人は使っていた鍬とミノと笠を置いて去り、二度と姿を見せなくなった」

この鍬とミノと笠を祀ったのが鬼神社の始まりで、鬼の引いてくれた沢水で豊かな水田が得られたことから「鬼沢」の地名になった。「逆堰」は、その沢水がときに低いところから高いところを横切っているためで、人間業では難しい工事だったことを物語っている。その水路は今も健在で、大切に維持管理されているという。

旧暦の1、5、9月には独自の伝統にのっとった祭りが行われ、氏子らは鬼神に作物の豊凶を問い（占い）、鬼神のお札をいただき、鬼神に収穫の感謝を捧げている。彼らにとって鬼は、豊穣をもたらしてくれた恵みの神であるとともに、「願いごとは何でも聞いてくれる神」（藤田さん）なのである。

① 鬼神社拝殿。壁には明治〜昭和初期に奉納された鎌や鋤などの農具が奉納されている。 ② 鬼神社のお札。古い版木から氏子によって一枚一枚刷られたもので、旧正月の例祭にて柳の木に吊され、神事が行われたのち頒布される。③ 鬼神社の赤鳥居から拝殿を望む。鳥居の額束に刻印された「卍」が印象的。

鬼に助けられ 鬼神に 守護される村

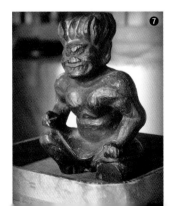

④鬼神社から徒歩10分の
りんご畑に立つ「鬼神腰掛
柏」。山から下りてきた鬼
がここで一休みすると伝
わる。⑤津軽地方独特の鳥
居の鬼コ（弘前市種市、熊
野宮）。⑥⑦もとは鬼沢に
あったという赤倉山宝泉院
（弘前市西茂森）の鬼神の祭
壇にて。御神体の厨子の前
に鬼面や鬼神の像も。

鬼神とカミサマの聖地
赤倉霊場へ

弘前市の中心部に近い「禅林街」には、鬼神を祀る寺院があった。赤倉山宝泉院という。岩木山・赤倉ルートの3合目、いわゆる赤倉霊場に奥の院を構え、かつては鬼沢に鎮座していたという。筆者はここで、ついに岩木山裏信仰の御本尊（御影）と対面を果たすことになった。

宝泉院には、その御本尊の正体を伝える、こんな縁起が伝わっている。

「その山（岩木山）には、赤倉という巌洞があり、鬼が住むといわれた。

平安時代の初め、津軽に賊徒が蜂起。朝廷は追討の兵を出し、さらに坂上田村麻呂を征夷大将軍に任じ、征夷の勅命を下した。田村麻呂は、日本海を北上して津軽に上陸、岩木山麓へと兵を進めたものの、夷賊の勢力は強大で、飛禽のごとく山を駆け、走獣のごとく野を走り、地の利を生かして反撃。田村麻呂の軍を赤倉の山におびき寄せ、雨のように矢を降らせた。

そのとき、赤倉沢の上空が一瞬にして暗雲に覆われ、閃光一閃。身の丈一丈五尺（約4・5メートル）はあろうかという異人があらわれた。眼は鏡のごとく輝き、総髪両肩に垂れ、右手に鉄棒を持ち、左手に曼字

（卍）の旗を掲げ、その異人は雷のごとき声を発した。『吾は赤倉山に住む鬼神なり』

鬼神は父である出雲大神の命で大八州（日本）の鬼門の地である赤倉の山に久しく住んでいるが、近ごろ人の心が乱れ、神を敬わず、わが神洞をけがすため、わが眷属らが争乱をなした。吾れの本地は『薬師生身の如来』で、仮に鬼神の体でここにいるといい、『吾れ汝が前に示現す、故、是の日を縁日となし、吾が祭祀を忘るることなかれ。長く国土を守らん』と田村麻呂に告げた。これにより、赤倉に堂社が祀られ、鬼神を赤倉山大権現と号し、堂社は鬼神宮赤倉山宝泉院と名づけられた」（以上、「赤倉山宝泉院縁起」抄訳）。

＊

鬼神＝赤倉山大権現の御影を特別に拝観させていただいた（P112）。

まさに、縁起にあるとおりのお姿。右手の鉄棒は、鉄を扱う異人の正体を、左手の旗（幟）は、鬼神社鳥居の「卍」の根拠を教えてくれている。

興味深いのは、鬼神の眷属とおぼしき小像だ。これこそ赤倉山（巌鬼山）の登拝者を悩ました魑魅の正体にして、巌鬼山神社裏手の山中に埋められていたという「鬼の

腕のミイラ」の本体ではなかったか――。

　最後に、筆者は宝泉院・赤倉山大本殿が鎮座する赤倉霊場に向かった。

　ここは岩木山の北東3合目、古くからの登拝路上にある。そして何より、巌鬼山神社と鬼神社・宝泉院を底辺とする「岩木山裏信仰」の頂点に位置している。

　霊場の入口に鎮座する大石神社は、文字通り巨石（磐座）を祀るお社である。鳥居には「赤倉大神」と「大石大神」の文字。神宿る巨石は、おそらく里と神界（鬼界）の境をなす結界石の役目を担っているのだろう。

　大石神社の鳥居の前には地図の看板があり、その奥にある28もの行堂の所在が示されていた。宝泉院の奥の院もそのひとつだが、ほとんどは、カミサマ、ゴミソと呼ばれる民間の宗教者（巫者）の修行場兼祈祷所である。

＊

　奥に進むと、鳥居とともに「赤倉山神社」などと記された複数の堂社が点在し、建物の脇にカミサマの石像が建っていた。

　カミサマの原点とされる「種市の永助」の場合、あるとき赤倉山に入って山人になり、ときに人々に護符を与え、未来の運勢をいい当て、鬼神社の祭礼に忽然とあらわれて人々を驚かせたりしたのち、不意に赤倉山中に姿を消したと伝わる。

　大正・昭和期に出現したカミサマの場合、カミサマに導かれて赤倉山で願掛けの行を行っていたところ、霊感を受けてみずからカミサマになり、人々に拝まれるようになった例も多いと聞く。宝泉院の成田住職はいう。

　「当院の場合、旧暦5月、7月、9月の縁日（大権現出現の29日）に厨子入りの御神体を奉じて赤倉に行き、修法を行っています。入山される方々は、長くて1週間、10日籠もって修行をし、邪気を祓い、力をもらって帰っていただいています」

　赤倉霊場は今も、公認された「表」の信仰では満たされない祈願に応える聖域であり、鬼神＝赤倉大権現は心ある人に指令を与え、霊験を与えつづけているのだ。

　霊場にはさまざまな神仏やカミサマのアイコンがひしめきあい、せせらぎというには激しすぎる雪解け水の音が山中を轟きわたっていた。

　地元の人は、山で行方不明になることを「神隠し」ならぬ「鬼隠し」に遭ったといういう。修行シーズンにはまだ早い時期にひとり迷いこんでしまった筆者は、日の高いうちに巌鬼山・赤倉山の峰に一礼し、下界へと帰還したのであった。

赤沢霊場入口に鎮座する大石神社

①「赤倉山大権現出現のお
姿」。曼字（卍）旗に鉄棒を
シンボルとする巌鬼山＝
赤倉山の鬼神の御影（宝泉
院蔵）。②龍が取り巻く大
石神社の鳥居。その手前に
赤倉霊場の案内地図があ
る。③同社の本殿。社名の
とおり大石（磐座）をお祀
りし、背後の沢は龍神の御
座所と伝わる。④赤倉霊
場。鳥居の周囲には、お社
やその関連施設が点在。

⑤十腰内堂と呼ばれる施設の裏に立ち並ぶ
石像群。左から弘法大師、赤倉山大権現、猿
田彦命、岩木大神、平間ハル（カミサマ）の像。

「カミサマ」の
修行と祈祷の道場

⑥ある建物の壁に
掲げられた鬼面。⑦
霊場内の一社、瑞穂
教・赤倉山神社。赤
倉の神のお告げを
受けた工藤むら（写
真右）によって創始。

【富士山麓の浅間社巡礼】ルート
①北口本宮冨士浅間神社(山梨県富士吉田市)を基点にクルマで
②無戸室浅間神社(船津胎内樹型、同富士河口湖町船津)／①より約8分
③人穴浅間神社(静岡県富士宮市人穴)／②より約37分
④山宮浅間神社(同富士宮市山宮)／③より約22分
⑤富士山本宮浅間大社(同富士宮市宮町)／④より約15分

S h i z u o k a

vol.02／富士山麓の浅間社巡礼

富士の母胎に回帰し、
水のちからで再生する

　2013年、ユネスコ世界文化遺産に「富士山—信仰の対象と芸術の源泉」が登録された。

　当時、なぜ自然遺産ではなかったのかという疑問が少なからずあったが、もとより富士山の場合、自然と文化を切り離すことはできない。そのスケールの大きさと特異な自然条件は、そのまま「信仰の対象」となり、富士山マンダラともいうべき大きな世界観に包摂されているのだ。

　たとえば、富士の山麓にはさまざまな浅間神社がある。

　かつて日本人は、それらを詣でることで生命の原点に立ち返り、この世と来世の救いを見いだし、癒しと蘇りのちからを得てきたという。

　そんな富士信仰のシステムを再発見すべく、富士山麓のディープなスポットを巡礼する一日旅に出かけてみたい。

神秘的な由緒を伝える「人穴」。人穴浅間神社の境内にあり、人穴富士講遺跡の中心。

①江戸方面からの富士詣での入り口となった北口本宮冨士浅間神社。②「胎内神社」と掲げられた無戸室浅間神社。その奥にぽっかり洞穴が開いている。③同社の本殿（洞穴）は船津胎内樹型と呼ばれ、その中に入り、参詣できるしくみになっている。（写真＝富士五湖観光連盟）

④人穴浅間神社境内の入り口にあった「人穴浄土門」の石碑。⑤人穴の地を「西の浄土」とする富士講信者が建立した碑塔群。その視線の先に富士山を拝する。⑥人穴の内部。人穴伝説の場であり、富士講の開祖・長谷川角行の修行の場としても知られる。

6

霊峰富士の
胎内へ──

❹

❺

富士浅間大神の御座所
「胎内」と「人穴」へ

九　州出身の筆者にとって、ときに江戸・東京人の富士山への執着には驚かされる。富士をみはるかす場所には富士見町、富士見坂の名が付けられ、富士から持ち帰った溶岩を積み上げて富士塚を築いて拝んでいる。

そんな江戸人が富士山の玄関として詣でたのが北口本宮冨士浅間神社だ。

静岡県富士宮市の浅間大社と並び立つ由緒を誇る同社だが、その隆盛は、近世の富士講の発展と軌を一にするものであった。現在ある社殿を修復したのも、江戸時代に富士講を中興した村上光清。かつては、富士吉田市街の金鳥居から参道にかけて、御師の家が建ち並んでいたといわれ、夏期ともなれば関東各所からやって来た富士講行者が境内にあふれたという。

鬱蒼とした杉木立の参道を抜けると、「三国才一山」と記された大鳥居。根元からそそり立つ見事な御神木を左右に配して鎮座する拝殿の壁には、富士登拝の講者らが奉納した額が鈴なりとなっている。そして、境内右奥の鳥居から先は、北口（吉田口）の登拝道がつづいている。

＊

かつて、吉田口からの道者の多くは、登拝道の途中、西に折れ、「胎内」（船津胎内樹型）に立ち寄った。ここで「胎内くぐり」をするためである。

ここでいう「胎内」とは溶岩樹型のことで、流出した溶岩が樹木を取り込んで固まり、燃えつきた幹の部分が空洞となった洞穴をいう。

折悪しく今回はコロナ禍のため公開停止中となっていたが、「胎内神社」の御神体（洞穴）は、以前拝観ずみである。

なぜそこが「胎内」と呼ばれているのかは一目瞭然だった。

奇妙な皺や襞が刻まれた洞内は、まさに内視鏡のカメラになって人の臓器のなかに入り込んだかのようである。実に奇妙な体験だった。

なお、船津の溶岩樹型は複数本がつながってできた珍しい複合型で、それぞれの突き当たりに御幣が立てられ、コノハナサクヤ姫（母の胎内）やニニギ命（父の胎内）の御名が掲げられている。かつては浅間大菩薩出現の地とされ、富士講の教義では、「モトノチチハハ」の出生地として信仰されていたらしい。

つまり「胎内めぐり」とは、生命の根源に立ち還って生まれ直す通過儀礼なので

ある。このモチーフは教義や宗派の別なく、日本人の霊性に訴える宗教体験なのだが、一方で、安産のご利益を得る霊場として人々に親しまれていたようだ。

江戸末期に作成された『富士山明細図』の「父母御胎内」図には、洞穴脇でたすきを頒布する様子が描かれており、これを掛けて胎内を往還し、妊婦の腹帯にすれば、安産まちがいなしとされたという。

富士登拝はただ頂上を目指すだけではなく、こうした行場や聖者ゆかりの地、さまざまな神仏を巡拝するポイントが設定されており、それらをコンプリートするのが醍醐味でもあったのだ。

*

次に詣でたのは、世にいう富士の人穴。人穴浅間神社の境内にぽっかりと不気味な口を開けた洞穴である。一般には怪奇スポットとして紹介されており、いわく幽霊が"本当に出る"、鳥居をくぐると帰りに事故を起こす、覗いた人は祟られるといった類いの話がまことしやかに伝わっている。

世界遺産に指定されたのち、拝観は制限されているが、以前は自由にその内部を参拝できた。以下はそのときの記録である。

――その入口に比して、なかは意外に広い。ロウソクの薄明かりを頼りに木製の回廊を注意深く進むと、まず、出迎えてくれるのは、人穴を修行の場とした伝説的行者・角行の石碑。さらに進むと、あちこちの岩壁に石仏らしい像が見える。祠の中に安置

されているのは、富士浅間信仰の主祭神・木花之佐久夜毘売（浅間大神）の石像。全長100メートルほどの洞窟の奥は這って進まなければならないほどの狭さになっており、その突き当りには、「浅間大神」と記された石碑が数本のロウソクに照らされ、闇に浮かび上がっていた。

怪奇スポットとして語られるのも無理もない。事実この場所は、古より禁足の場所とされ、恐れられていた。そこは地獄の入り口とも浅間大神の御座所とも言い伝えられ、鎌倉時代の史書『吾妻鏡』には、人穴探査を命じられた武士が謎の火光に撃たれて家来4人を失い、命からがら脱出したという記事が載っている。

なお、人穴は奇しくも富士山頂から真西の麓に位置しており、「西の浄土」と呼ばれていた。つまり、富士版・西方極楽浄土である。富士講の講者らは、富士山を望むこの地に供養碑を建て、後生の安寧を祈ったのである。

北口本宮浅間神社の参道。遠くに大鳥居の「三国第一山」の額が見える。

①名勝・白糸の滝の上部にある「お鬢水」。源頼朝ゆかりの湧水池で、富士講の霊場になっている。②山宮浅間神社の参道。神事の際の鉾休めの石（鉾立石）の先に、神祀りの場につづく石段が見える。③富士山祭祀の原初的スタイルを伝える山宮。社をもたず、石を並べて祭場の境

最古のお宮と湧玉の聖水

界をなし、内部を祭祀空間としている。写真右にはヒモ
ロギの石、その脇にはサカキの御神木。④富士山本宮浅
間大社の本殿。屋根の形が富士の高嶺とシンクロしてい
る。⑤同社本殿脇からは常に豊富な湧水がほとばしり出
て湧玉池を満たしている。

富士山麓の水の聖地と
根源の祭場へ

人穴を発って、白糸の滝に立ち寄る。世に知られた名勝だが、やはり格別である。

かつて源頼朝は、ここでこんな歌を詠んだという。

〈この上にいかなる姫がおはすらんおだまき流す白糸の滝〉

200メートルほどつづく岩壁から、すだれ状に清水が湧出するさまは、たしかに男性的な瀑布と比して姫神がしからめる女性的な繊細美である。

これらを一望する遊歩道でしばし足を止める。打ち付ける無数の水音とミストを浴びながら呆然と無の時間を過ごすのは、それだけで癒しと浄化のちからをいただけそうだ。

ちなみに、向かって左の滝を除き、川のない場所から水を噴出させるのは、地下の古富士泥流層の上を流れていた富士の伏流水が、この断崖で行き止まりとなるからである。見方を変えれば、富士の胎内で潜流していた御神水がここで一気に噴出されているわけで、この場が富士浅間の女神ゆかりの修行場とされたのは当然の流れだったのかもしれない。

ちなみに、人穴での修行を行った富士講の開祖・角行は、毎日6回こちらに通い、水垢離を行ったという。そのゆかりの場所が、滝上にある「お鬢水」（帯の真奈井）と呼ばれる湧水池で、富士講の人々の巡礼地になった。いまもそこは水垢離場として整えられており、池のかたわらには富士講に伝わる特殊な文字が刻まれた石が残されている。そんな密かな行場が今も保たれていることにも感動を覚える。

＊

次に向かったのは、地元の人が「山宮」と呼ぶ場所である。

正式には、富士山本宮浅間大社の山宮。富士宮市に鎮座する大社境内から表口登山道を4キロ半ほど北東方向に上った場所に位置している。

鳥居から続く参道の先に拝殿があり、さらにその奥へとつづいていた。突き当りからはさらに石段が延びている。何やら特別な場所に誘われているようだ。

石段を登った先に祭場があった。あったのだが、社殿の類いは何もなかった。

その神域は、石造りの玉垣によって20メートル四方ほどに仕切られ、その中央には、さほど大きくはないが、特徴的な磐座が置かれている。その紡錘形の形状は、おそらくかつての噴火でもたらされた火山弾

だろう。その脇にはサカキの老樹がご神木にふさわしい貫録でそびえたっている。

そして祭場の奥、木々が伐り払われた先に、富士の御神体がどんとあらわれた。

伝承では、ここに富士山の神をお祀りする社殿を建てようとしても、風の神がそれを吹き飛ばしてしまうのだという。だから、こんな原始的な状態の神域が残されたというわけである。

この、いわば浅間大社の元宮というべき神域は、里に神霊が遷され、社殿が築かれたのちも、大祭に先だって行われる神事・山宮神幸の舞台となっていた。時代が下っても、ここは富士山の神と交感する場でありつづけたのである。

確かに、ここには人工的な建物は何もない。しかし、決して放っておかれたわけではなく、富士のお山を拝する神域をあえて昔のままに留めておこうという意志を感じる。上の伝承もそういう脈絡で理解すべきだろう。

＊

南西麓の富士宮市から拝する富士山は、山頂の真ん中が突き出ている。それは山頂が扁平にカットされた山容を見慣れた板東人には新鮮に映るが、もとより、西の人から見れば、頂点の剣が峰を仰ぎ見るこちらが“正面”なのだろう。

富士山本宮浅間大社は、「殿上に階あり、地下に池あり」であるという。

本殿は寄棟造の1階に流造の2階が積み重ねられた浅間造と呼ばれる様式で、棟高は45尺（13.6メートル）におよぶ。まさに「階あり」で、側面から拝すると、その屋根は富士の山稜と重なって美しいシルエットを見せている。

そして、注目は「地下に池あり」である。やや奇妙な表現だが、本殿脇の神泉を見れば、ただちに了解できるだろう。

境内地は、白糸の滝と同じく、古い地層の上に流出した溶岩流の先端に位置している。そのため、背後の丘陵（神立山）の底から一日に30万トンもの清水がこんこんと湧出し、湧玉池に注いでいるのだ。

あとで調べると、先の山宮もまた、山宮溶岩流と呼ばれる最新期の溶岩がそこに留まり、たまって丘状をなす場であった。奇しくも、白糸の滝も山宮も本宮も、新旧溶岩流の境目に位置していた。いずれも、富士の御神気をいただくに相応しい場だったのだろう。ともあれ、湧玉池のほとりに座っていると、いつまでも立ち去りがたくなる。またここに還ってこよう。そんな思いを抱かせる一日旅だった。

白糸の滝

富士山本宮浅間大社、本殿脇の水屋神社。ここでは湧き出る清水（神水）をいただくことができる。

南紀熊野で
よみがえりを実感する

　世界遺産「紀伊山地の霊場と参詣道」は、各地の霊場のみならず、それらを結ぶ参詣路に着目した点に妙味がある。

　高野山からつづく「小辺路」、吉野山からつづく「奥駈道」、熊野詣の「中辺路」と「伊勢路」、そして川の道・熊野川。そのルートを見ると、すべての道がある一点に収束されているのがわかる。

　熊野本宮大社の旧社地・大斎原の森。

　そこはただの森ではなかった。深山幽谷の真っただ中にぽっかり浮かぶ卵型の社叢。上空から見れば、熊野のヘソのようにも、新たな命を産み落とす女陰のようにも見える。何かを思わせずにはおかないその森は、日本人にとっての「約束の場所」なのだ。

【熊野三山と根源の聖地】
熊野三山とは、①熊野本宮大社(和歌山県田辺市)、②熊野速玉大社(和歌山県新宮市)、③熊野那智大社(和歌山県那智勝浦町)のこと。熊野信仰では、この3社(三山)を一体の聖地としてあがめる(以下、3社ごとに4ルートを設定)。

熊野川から拝する、熊野本宮旧社地・大斎原。

【中辺路ルート】
①発心門王子（田辺市本宮町三越）
　ほっしんもん
②水呑王子／徒歩30分
　みずのみ
③伏拝王子／徒歩30分
　ふしおがみ
④三軒茶屋跡／徒歩20分
⑤祓戸王子／徒歩35分
　はらえど
⑥熊野本宮大社／徒歩5分

約束の場所、大斎原。

❶発心門王子。❷古くから参詣者ののどを潤してきた水呑王子。❸伏拝王子跡にある石祠（紀州徳川家初代・頼宣の寄進）。❹伏拝王子にいたる中辺路の古道。❺小辺路と中辺路の合流点付近の道標。「右かうや（高野）、左きみいでら（紀三井寺）」。❻「ちょっと寄り道展望台」から望む大斎原。❼反対側から見下ろす大斎原（七越峠より）。手前は熊野川。❽本宮大社の裏にある祓戸王子。参拝の前に身を清める潔斎所とされる。

熊野詣のクライマックスを
歩いて体験

自分なりに熊野を体感するために、どうしてもしならなければならないことがあった。「歩くこと」である。

とはいえ、熊野古道を代表する「中辺路」ルートを紀伊田辺から熊野本宮まで踏破するのは簡単ではない。本格的な古道ウォークとなる「滝尻王子」から出立しても、道中一泊は覚悟しなければならない。

熊野詣の端緒となったのは、平安時代末、上皇らの熊野御幸だった。

京の都から熊野の三山へ、出立前の精進潔斎を含めれば、その旅は約1か月を要する大がかりなものだった。にもかかわらず、白河上皇は9回、鳥羽上皇は21回、後白河上皇にいたっては34回も御幸を重ねた。そのブームは鎌倉時代になってもつづき、つづく後鳥羽院に至っては、24年の在院期間に28回におよんだという。

上皇らの熱情を支えたものは何か。

理由のひとつには政治的思惑が挙げられている。確かに、後白河・後鳥羽両院は、新興の武家勢力と対峙し、治天の君として君臨した。であれば、熊野水軍に渡りをつけ、熊野の宗教権門と結びつくことの意味は大きかっただろう。

しかし、それだけではこの熱情を理解するのは難しい。

よく言われるように、「現当二世の利益」すなわち現世の安穏と来世の幸福のためという宗教的な動機も大きかったのだろう。事実、御幸先では経典の読誦や書写・奉納なども行われ、信仰的な内実も伴っていた。

それでもなお……と思わなくもないが、結局のところ、理由はあんがいシンプルだったのかもしれない。重要なことは"往って還ってくる"体験にあり、それが次回の渇望につながった。そう考えるのがいちばん自然なようにも思える。

だから、少しでも歩いて熊野を体験してみたいと思うのだ。

＊

熊野本宮に到着したのち、あえてバスを乗り継ぎ、「発心門王子」に向かう。

王子とは、参詣道の各所に配された拝所のことで、道中の区切りとなるポイントである。なかでも「発心門」は、中辺路の最終盤で、本宮の聖域の入り口にあたる。つまり、このルートのクライマックスだけ体験しようという目論見である。本宮までは7キロ。歩くだけなら2時間ほどの距離である。

山での営みを思わせる民家を見つつ、杉林の深緑の中に入っていく。次のポイントである「水呑王子」でのどを潤し、ようやく本格的な古道へ。森を抜け、集落の風景を味わいつつ中辺路最後のピークを登りつめると、「伏拝王子」に到着する。

ここで思わず声が出る。見下ろす視線の先に、山々を分けて流れる熊野川と目指す聖地がはじめて視界に入ってくるのだ。かつて浪速の津から南下し、「果無」の山々を艱難辛苦のすえ越えてきた人たちの感慨はいかばかりだっただろう。「伏拝」の名は、その有難さに伏して拝んだことによるという。

平安中期の恋多き歌人・和泉式部がこの地で「月の障り」となり、このままでは本宮参拝もままならないと嘆いていると、夢に熊野権現があらわれこう告げた。「もとよりも塵に交はる神なれば 月の障りもなにか苦しき」——われは衆生の救済のために俗塵に交っている。何を遠慮することなどあろうかと。

これは熊野権現の功徳をあらわす有名な逸話だが、ひたすら歩いた末に聖地・大斎原を拝し、ここで熊野の神の臨在を感得したことを物語る逸話でもある。

*

あともう少しで本宮という長い下り坂にさしかかったとき、「ちょっと寄り道」という案内板が目に入った。脇道を登ると、ぱっと視界が開け、「伏拝」ではまだ定か

ではなかった聖地が、目の前にはっきりとあらわれたのだ。

ふと、あたりに何か芳しい匂いが漂っていることに気づいた。

桃の香りである。粗雑な嗅覚でもそれとはっきり認識できるほどの生々しく濃厚な芳香。とはいえ、周囲を見回しても、桃の花などはない。そもそも季節は真夏である。

あとになって、古事記の「黄泉国」の記述を思い出した。こんな内容である。「(イザナギ命が)黄泉比良坂の坂本に到りし時、その坂本にある桃子三箇捕りて、待ち撃てば、悉に逃げ返りき」

黄泉比良坂とは、黄泉国と現実世界との境目にあるという坂のことだ。この坂はまさに、黄泉国に通じるといわれた聖地・熊野本宮の手前に位置していた。だからこそ、邪気を祓うという桃の香が漂っていたのだろうか。

それで説明がつく事象だとはさすがに思えないが、私はそこではじめて、熊野に参入することの意味を身体感覚で感じ取ることができたのかもしれない。

後鳥羽上皇の熊野御幸図（『紀伊国名所図会』より）

❶神仏習合時代の神名「熊野大権現」が記された幟が印象的な熊野本宮大社参道。❷本宮大社の神門から社殿を望む。❸旧社地・大斎原につづく参道。❹大日越ルートの中腹にある月見岡神社の大日堂。❺道中の名所である鼻欠地蔵と呼ばれる古い摩崖仏。❻湯の峰温泉の近くにある小栗判官にまつわる史跡「力石」。❼湯の峰温泉の「つぼ湯」。川岸の湯船の底から自然湧出する温泉に直接入浴できる。

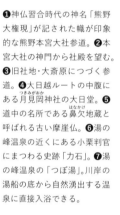

熊野の子宮へ

【熊野本宮・大日越ルート】
①熊野本宮大社
（田辺市本宮町本宮）
②大斎原／徒歩12分
③月見岡神社／徒歩25分
④鼻欠地蔵／徒歩10分、
⑤湯峰王子（湯峰温泉）／
徒歩30分。

熊野本宮の
よみがえりのシステム

本宮大社の神門をくぐると、横並びの神殿群があらわれる。その厳かさたるや、素木の社殿から神気が放たれているようである。

本宮の主祭神は家津美御子大神。その由来や神格は諸説あるが、『紀伊続風土記』には、「熊野奇霊御木命（奇しびなる御木の神）と称え奉るべし」という。

さらに、『日本書紀』（一書第五）によれば、ケツミミコと同体とされるスサノオ尊は「髭からスギ、胸毛からヒノキ、尻毛からマキ、眉毛からクスを生み、それぞれの用途を定めた」のち、「熊成峯に赴き、ついに根国に入っていった」という。

熊成峯とは「隈をなす峰々」の意味であり、熊野を指すといわれる。この熊野を出雲国のそれと見る向きもあるが、果無の山々を見てきた者にとっては、スサノオ尊は木の神として紀州熊野にやって来たという文脈は違和感なく受け止められる。何より紀伊国は「木の国」でもある。そのお社はやはり素木がふさわしいのだ。

参拝は、熊野本宮大社が推奨する作法に準じたい。以下の順番である。
①証誠殿／家津美御子大神（素戔嗚尊）、②中御前／速玉大神、③西御前／夫須美大神、④東御前／天照大神、そして⑤満山社／八百萬の神へ。

証誠殿の名は、ケツミミコ神の本地仏・阿弥陀如来があらゆる人々の極楽浄土を「誠に証す」存在であることに由来するという。「神を父、仏を母といただきて」神門にそんな標語が記されていた。歴史的に神仏習合の信仰に支えられてきた神社とはいえ、それを隠さず表明する神社は珍しい。

＊

いよいよ熊野本宮の根源の地、旧社地の大斎原に向かう。参道は河原の水田エリアを一直線に貫き、大鳥居に吸い込まれるように森の中に誘われる。

熊野川の蛇行と音無川の流入によって生じた中州の森。その中心にはぽっかりと空間が広がっていた。かつてここには5棟12社の社殿が立ち並び、楼門がそびえ、神楽殿や能舞台などがあった。

その一画に「一遍上人神勅名号碑」がある。のちに時宗の祖となるその男は、信仰の迷いを抱いて証誠殿（本殿）の前に額づき、通夜にて祈りを凝らした。すると、山伏姿の熊野権現からお告げが下され、信心決定したと伝えられている。

中世以来、本宮を詣でた参詣者は夜通し

参籠するのが常で、熊野の神（熊野権現）は託宣を下す神として知られていた。その原点を縁起はこう伝えている。

――熊野権現は、異国から九州、四国、淡路島を経て新宮・神倉山に降臨したのち、大斎原の3本のイチイの木に3枚の月形となって天降った。そしてこの地に迷い込んだ猟師に「自分は熊野三所権現である」と告げたという。

三所とは、本宮、新宮、那智の熊野三山のこと。はじめから三所ありきの説話はともかく、イチイの木に降りた神を感得した"事実"はあったのかもしれない。

「ここ（大斎原）に来るとビンビン感じるんですよ」

その夜の宿の宿泊者はそう言った。「そうなんですか」と答えるほかないが、2基の石祠をのぞいて何もなくなった神域は、かえってざわざわと畏れの念を湧き起こさせる場であったことはたしかだ。

＊

かつて梅原猛が「熊野の子宮」と呼んだ場所が、本宮大社からひと山越えた先にある。「大日越」と称される徒歩1時間半ほどのルートで、前半は急峻な山道がつづき、途中あらわれるお社や石仏などは古道の風情を満喫させてくれる。

峠を越えた先の湯の峰温泉には、「つぼ湯」と呼ばれる湯屋があり、そこは世に知られた『小栗判官』の舞台でもある。

――いちど死に、閻魔大王の計らいで地上に戻された小栗の胸には、「熊野本宮湯の峯に御入れあって給われや」の文字があった。小栗は土車に乗せられ、相模国から熊野まで、善男善女にリレーされて湯の峰にたどり着く。さっそく湯に入れられると、やがて両目が開き、耳が聞こえ、物をいい、49日で元の姿に戻った……。

宿の主人も言う。「心身疲れ果てたお客さんが、ここの温泉に入り、温泉粥を食べるうちに見違えるように元気になられる。そんな方を何人も見てきました」。

かつて本宮参詣は、湯峯で湯垢離をしたのち、夜に大斎原に赴くというのが通例だった。ちなみに、本宮大社の例大祭は、この温泉で浄めた童子を神の依り代に見立て、神の子を肩車して大日越の道を大斎原に向かうというものである。

小栗判官も、宿の客も、いったん死んで（病んで）この地に至った。そして、湯のちからで蘇り、大日越という参道（産道）をくぐって大斎原に至り、神仏の証をいただいて再生を果たした。例大祭の童子はその象徴である。

つまり、熊野本宮の「黄泉がえり」とはそういうシステムだったのである。

『紀伊国名所図会』に描かれたかつての熊野本宮。

❹

❺

【新宮巡礼ルート】
①熊野速玉大社
（新宮市新宮）
②神倉神社／徒歩約30分
③阿須賀神社／徒歩約30分

❻

天磐盾と蓬莱山
あまのいわたて　ほうらいさん

❼

❶熊野速玉大社の社殿群。❷御神木「梛」。
古来、その葉を懐中に納めてお参りするの
が習わしだった。❸新宮市街地から望む神
倉山中腹の磐座（通称ゴトビキ岩）。❹神倉
山へとつづく参道の石段。❺神倉神社。巨大
な一枚岩の上、御神体の磐座に寄り添うよ
うに建つ。❻蓬莱山の森を背後に南面する
阿須賀神社。社殿脇には徐福の宮がある。❼
あすか　　　　　　　　　　　　　　　じょふく
熊野川対岸から見る蓬莱山の森。

新宮にて
熊野の原点と出会う

か　つて熊野詣の巡礼者は、熊野本宮から熊野川を下って新宮に向かった。その川下りの最終盤、流路は速玉大社裏の山に突き当たり、大きく蛇行を余儀なくされ、カーブを曲がりきると風景は一転、視線の先に太平洋を望む河原に到着する。

　ここで巡礼者たちは、根の国の異界からの帰還を実感したかもしれない。

　熊野速玉大社の神門をくぐると、朱塗りの社殿が南紀の陽光に映えて明るく輝いていた。晴れ晴れとすがすがしい境内。社殿は、瑞垣に囲まれて横並びになっており、「日本第一大霊験所　根本熊野権現拝殿」の扁額が掲げられた拝殿の正面に、主祭神・熊野速玉大神を祀る第二殿がある。

　神名の速玉とは、「映え輝く御霊」の意であるという。

　『日本書紀』一書は、亡くなったイザナミ尊の変り果てた姿を見たイザナギ尊が、訣別の言葉をいい、そのとき吐いた唾から生まれた神が速玉之男だと伝えている。

　速玉大社の上野顕宮司によれば、速玉之男神は「イザナギ尊の霊力をお移しになった神」であり、死の禍いや罪穢れを祓い、浄化する神であるという。それは結果とし

て病を遠ざけ、癒す薬師如来の功徳とも結びついて崇められてきた。

　境内には、そんな祭神の“みしるし”がある。「ナギの大樹」だ。

　常緑でツヤツヤと光沢する葉をもち、その名称が「イザナギ」に通じることから、葉は道中の魔除けとして、あるいは「凪（ナギ）」をもたらす災難除けのお守りとして重用された。さらに、葉脈が縦方向に伸び横に裂けづらいことから、切っても切れない縁結びのお守りに用いられた。ナギノキは全国の熊野社に植えられているが、これはその根本なのである。

＊

　新宮とは本宮に対する新宮ではないという。

　上野宮司によれば、「新宮は、神倉山に祀られていた神を、禁足地としての霊域から里に遷した真新しいお宮に由来する」という。つまり、神倉山の古宮に対する新宮。本宮に先立つ熊野の原点なのである。

　では、その原点へ。速玉大社から南へ約１キロ歩くと、神倉神社の神橋に出る。

　赤い鳥居越しの参道を見て一瞬息を呑んだ。石段というより、ランダムに石が積まれた崖である。源平合戦での熊野水軍の功

労を賞し、源頼朝が寄進したことから鎌倉
積と呼ばれているらしい。そんな石段をよ
うやく上りつめると、再び鳥居が立ち、一
枚岩の大岩盤に覆われた神域に誘われる。
視線の先に、有史以前から崇められていた
という磐座が巨大な威容をあらわした。

　切り立った断崖の上にそそり立つそれは、
海からもはっきり視認できる。

　かつて神武天皇は、「熊野の神邑に到り、
すなわち天磐盾に登った」（『日本書紀』）
という。

　神武東征の一行は舟で現在の新宮市（熊
野の神邑）にたどり着き、天をついて巨岩
が顕（た）っている（天磐盾）のを発見。そこに
神霊のあらわれを見たにちがいない。その
驚きと感嘆と「圧」を、いま自分も追体験
している。改めてそんな感慨を抱く。

＊

　神倉神社から、眼下の街並みと南紀の海
を呆然と眺める。

　黒潮が直撃する岩礁がつづき、山からい
きなり海になる南紀の沿岸にあって、熊野
川が運んだ土砂と、それが太平洋の波に押
し戻された砂州は、この地域に貴重な土地
をもたらした。次に、そんな熊野のはじま
りの場所へと向かった。

　熊野川の河口近くに、こんもり浮かぶ小
丘がある。蓬莱山といい、新宮のもうひと
つの古社、阿須賀（あすか）神社がある。蓬莱山とは、
中国の神仙説にいう東方海上の仙境のこと
で、徐福（じょふく）が不老不死の仙薬を求め、出航し

た伝説で知られる。

　その小さな森は、海からやってくる者が
寄りつく場だったのだろう。森を背に建つ
阿須賀神社は、それらを向かい入れるよう
に南面している。その傍らには徐福之宮の
小祠があり、拝殿の左手前には弥生時代末
から古墳時代にかけての竪穴式住居の跡が
折り重なるように残されている。

　熊野詣がピークを迎えた時代も、ここは
特別な場所だった。昭和の時代、社殿裏の
経塚から２００点余りの経筒や銅銭、和
鏡などが発掘され、隣接する石室からは
４００点以上の御正体（みしょうたい）（神体の鏡に本地仏
像を刻んだもの）を出土したという。

　対岸の熊野川左岸から蓬莱山を見てはっ
とあることに気づいた。その森は、川にせ
り出すように浮かんでいる。往古は河口近
くの中洲（島）だったのだろう。だとすれ
ば、本宮の大斎原と対になるポイントだっ
たのかもしれない。

　では、大斎原が根国（黄泉国）の象徴だ
とすれば、蓬莱山は何だったのか。おそら
く、海のかなたの常世国（とこよのくに）に通じるミサキ
だったのではないだろうか。

熊野速玉大社拝殿正面。
扁額には「日本第一大
霊験所　根本熊野権現
拝殿」の金文字。

❶大門坂入り口に門のように立つ一対の夫婦杉。樹齢800年という。❷熊野古道のアイコンとして有名な大門坂・石畳の参道。❸最後の急坂を登りつめたら、那智大社の一の鳥居が出迎える。❹那智大社拝殿。❺樹齢約850年のクスの御神木を祀る樟霊社。護摩木を持って通り抜けることができる。❻「飛瀧神社」の御神体・那智の大滝。(❹、❻写真提供＝熊野那智大社)

熊野詣の終着地へ——

【那智巡礼ルート】
① JR那智駅(那智勝浦町浜ノ宮)　②熊野三所大神社／徒歩1分
③大門坂茶屋／徒歩70分　④熊野那智大社／徒歩30分
⑤飛瀧神社(大滝)／徒歩15分

那智のマンダラ世界で
大滝のちからを思い知る

熊 野詣のモチーフは、死と再生（よみがえり）にある。

いよいよ熊野三山のラスト、那智山に詣でよう。かつては新宮・阿須賀の宮から海岸沿いの道を歩いたというが、今回はＪＲ紀勢本線の那智駅を起点としたい。

ほどなく、熊野三所大神社（浜の宮王子）と補陀洛山寺に迎えられる。

神仏習合が熊野信仰の特徴といわれるが、実のところ、本宮や新宮の境内にホトケの気配はない。ところが那智ではカミとホトケが境内を分け合っている。かつて、熊野詣の道者はここで潮垢離をして出立するのが習わしだったが、補陀洛山寺は、観音の霊場にして補陀洛渡海の出発点でもあった。

補陀洛渡海とは、生きながら南海の観音菩薩の浄土（補陀洛）を目指して船出することをいう。身を捨てて仏道に殉じる捨身行のひとつで、歴史上、20数人がこの行をおこなったという。補陀洛山寺にはその船の再現模型が展示されているが、その小舟は四方に鳥居を巡らせた屋形を載せており、その中に入ったら扉は打ち付けられ、開かない仕組みになっていたらしい。

那智という霊場には、生と死の相反する

モチーフがともに濃厚に息づいている。そのすぐれた絵解きになっているのが「那智参詣曼荼羅図」で、近年、那智大社に通じる道は「曼荼羅の道」と呼ばれている。浜の宮から那智大社までは約６キロ。２時間ほどの行程である。とりわけその最終盤、大門坂からの登り坂は、熊野古道を代表する景観である。

＊

霊場・那智の歴史は熊野のどこよりも古い。伝説では、仁徳天皇の時代（約１７００年前）、インドの僧・裸形上人が熊野浦を漂流のすえ那智大滝にたどり着き、修行の末に観音菩薩を感得したことにはじまるという。その裸形上人が開基したと伝わる青岸渡寺は、大滝を遥拝する山の中腹にあり、那智大社と境を接している。

那智山の宿坊（尊勝院）に一泊し、早朝あらためてこの「場」を味わってみた。

確かにここは、滝を拝する絶好の場所だった。眼下には那智谷とその集落、右手はるか先に補陀洛浄土へつづく太平洋、左手に四季折々の様相を見せる広大な那智原生林。そして左奥に、古来絶えることのない水柱が一本すっと立っている。

山と海、太陽と瀧水、そして神とホトケ。

この場は、大自然とともにある那智のマンダラ世界を余すところなく展望できるポイントだった。

そんななか、山肌に東面する那智大社は、陽光を存分に浴びて朱色に光り輝いていた。ひときわ目を引くのは、神域のヌシのごとくそびえるクスの御神木である。

正式には熊野夫須美大神といい、牟須美（結）大神という別称もある。「夫須美とは、『結び』を意味し、ムスビは『産す霊』をも意味します」（朝日芳英前宮司）。

クスヒ（奇しき御霊）さながらの大クスは、ムスビの象徴であるという。その根元には大きな洞があり、その"胎内"に還ることもできるのが嬉しい。

＊

いよいよ大滝に向かう。飛瀧神社の鳥居をくぐると、「那智の扇祭り」の映像で見覚えのある古い石段に誘われる。この参道付近では１００年ほど前、平安時代の経筒、仏像、仏具などが大量に出土したという。目には見えないが、この地に結縁を願った無数の祈りが地層のように積み重なっているようだ。

大滝前の広場に到着する。どどうという響きが、地面から伝わる振動、背後の石段からの反響も相まって全身を包む。呪縛されたように立ち尽くし、前方を見ると、「熊野那智大社別宮飛瀧神社」の額を掲げた鳥居があり、注連縄がめぐらされた磐座の上に金の御幣が立てられていた。

見上げれば、杉木立を左右に配した先に、注連を張った滝口から最大毎秒１トンの水が１３３メートル直下している。ときに三筋に分かれ、水煙をあげながら滝壺に打ち付けるその"御神体"に向かい、ささやかな拍手と拝礼で神縁に報いる。

さまざまな信仰が大滝に重ねられている。瀑布が岩肌を打ち付け、水しぶきを放つさまは千の手を広げた観音菩薩の霊験を思わせ、その霊力は、神話のなかで何度も生き返った大国主命に重ねられた。そして「蟻の熊野詣」と例えられた参詣者は、「延命長寿のお瀧水」をいただき、その水で摺られた神符「牛王宝印」を有難く拝受した。

熊野詣の最終目的地で得られるものは、はるかなる道を歩いた古人と現代人とでは同じではないかもしれない。

しかし、今も昔も等しく体験としてわれわれの心身に刻まれる。大滝の圧倒的なヴァイブレーションが、日常の澱（ケガレ）を押し流し、「熊野のよみがえり」を実感させてくれるのである。

「那智の滝展望地」からの眺め。朱色の三重塔と大滝、那智の原生林を一望する。

【出雲・ヤマタノオロチ伝説の古社】ルート
①出雲空港(以下、クルマを用いた場合、要1泊)
②須佐神社(島根県出雲市佐田町)／①より約45分
③八俣大蛇公園(同、雲南市木次町)／②より約30分
④天が淵・温泉神社(同市、木次町湯村)／③より約12分
⑤八口神社(同市、木次町西日登)／④より約15分
⑥須我神社(同市、大東町須賀)／⑤より約35分
⑦志多備神社(松江市八雲町)／⑥より約20分
⑧揖夜神社(松江市東出雲町)／⑦より約18分

Shimane

vol.04／出雲・ヤマタノオロチ伝説の古社

ヤマタノオロチの 正体を探る旅へ

　ＪＲ出雲市駅から出雲須佐行きバスに乗車。神戸川沿いに展開する立久恵峡の断崖絶壁を見ながら頭の中の日常モードを切り換え、さらに支流の須佐川をさかのぼって最初の目的地・須佐神社に到着した。

　近年、須佐神社は社殿背後の大杉が注目され、「日本一のパワースポット」などと言われているらしい。

　しかし、今回当社を詣でる目的はそれだけではなかった。須佐神社が秘蔵するある社宝を実見するまたとない機会を得たのである。

　それも、「ヤマタノオロチの骨」である。

　そこから、伝説の足跡をたどって斐伊川流域へ、さらに松江と移動してヤマタノオロチの正体を探る旅をしてみたいと思う。

須佐神社本殿裏の大
スギ。露出した大きな
根に参詣者の賽銭が
供えられている。

スサノオ命の「本つ宮」へ

①須佐神社本殿。スサノオ命の御本宮とされ、「須佐大宮」、「出雲の大宮」とも称されてきた。②同社境内にある塩井。出雲大社近くの稲佐の浜と水の道でつながっていると伝わる。③大社造と呼ばれる高床の本殿に寄り添うように立つスギの御神木。樹齢は社殿が現在地に移された時代にさかのぼる約1300年と推定されている。

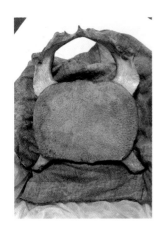

「伝ヤマタノオロチの骨」。須佐建央禰宜によれば、一部削られた形跡があり、江戸時代ごろ生薬『龍骨』として分けられた可能性もあるという。

3

須佐神社に残された
オロチ実在の証

スサノオ命ほど、日本神話の神々の中でも光と陰のコントラストが際立つ神はいない。そのうちの「光」は出雲を舞台とした神話にあり、その冒頭を飾るのが有名な「ヤマタノオロチ伝説」である。

——高天原を追放されたスサノオ命は、出雲国、肥河の川上の鳥髪に降り立つと、ひとりの娘をはさんで泣いている老夫婦と出会った。聞けば「8人の娘が次々と高志のヤマタノオロチに食べられてしまった。また、その日が近づいている」と。そこでスサノオは、「ヤマタノオロチを退治する代わりに、娘（クシナダヒメ）を嫁にもらえないか」ともちかけた。夫妻は命の素性を知り了承すると、スサノオは夫妻に「あなたがたは、何度も醸した酒を造り、次に垣根を作って中に8つの門を作れ。そして、門に桟敷を作り、そこに酒桶を置いて、濃い酒を注いで待っておれ」と告げ、オロチを待った。そして、あらわれたオロチの隙を突き、十拳剣でオロチを斬り刻むと、肥河はその血で染まった……（『古事記』より略述）。

乱暴狼藉をはたらいて高天原を追放されたスサノオは、出雲国に降り立つや一転、悪を退治する英雄へと変貌する。そして、この世に災いをもたらすヤマタノオロチを撃退したことで地上世界の王（祖神）となった。

*

ヤマタノオロチ（八岐大蛇、八俣遠呂智）は、『古事記』にこう書かれている。「目はホオズキのように赤く、体が一つで頭が八つ、尻尾が八つ。ヒカゲノカズラやヒノキやスギが生えており、大きさは八つの谷と八つの峰におよび、その腹は常に真っ赤に爛れている」

その解釈については諸説あるものの、何はともあれ神話的想像力の産物であり、その実在が検討される存在ではなかった。

ところが須佐神社には、実在したオロチの証というべき“遺骨”が伝わっている。須佐建央禰宜が木箱をもってあらわれた。さっそくその中身を拝見する。

それは、表面がザラザラとした質感の円盤状の物体で、リング状と脚状の突起が付属しており、直径は約30センチ、厚さは3センチほどの物体だった。「動物でいう脊椎にあたるものでしょうか」と須佐氏。

脊椎はいわゆる背骨を構成する一パーツである。これらが上下に重なって連なり、長大な骨格を形成していたのだろうか。そ

の巨大さだけは何となくイメージできる。

それが何者かの骨だとすれば、骨格の形態比較から、何らかの生物学的な知見は得られるかもしれないが、神社として調査を依頼する予定はないという。

「代々ヤマタノオロチの骨として神社に伝わっているものだから、この先も伝えていかなければならない」とのことである。しかしながら、実際のところ「箱書きも何もなく、由来については何も伝わっていない」（須佐氏）という。

それは一体何なのか。現状「伝ヤマタノオロチの骨」というほかないのだが、それが須佐神社に伝わった意味は決して小さくなかったのかもしれない。

＊

須佐神社がスサノオ命の本宮（「真の本つ社」）たるゆえんは、『出雲国風土記』須佐郷の次の記述にある。

「（国造りの最後にここを訪れた）スサノオ命は、『この国は小さい国だが、良いところである。だから私の名前は、木や石にはつけまい』といい、みずからの「スサ」の名をこの地に冠し、みずから御魂が鎮まる場所に定めた」

ちなみに、当社累代の社家である須佐氏は、スサノオ命とイナダヒメの御子の子孫と伝え、代々須佐国造を名乗ったという。須佐建央禰宜の父・建紀宮司は、実にその第78代のご当主にあたる。

記紀によれば、スサノオ命はヤマタノオ

ロチを退治したことでに出雲の祖神となった。オロチはいわば、スサノオの"光"を際立たせる"陰"の主役なのだ。だからこそ、須佐神社に〈ヤマタノオロチが実在した証〉が必要だったのだろう。

しかし、ここでヤマタノオロチに関する最大の謎に直面する。

在地の有力者が編纂に関わったとされ、より地元目線で書かれた一次史料『出雲国風土記』に、ヤマタノオロチのことが一切記されていないのである。

なぜだろう。その疑問を頭の中で反芻しながら、樹齢は1300年と伝わる「大杉」を見上げる。本殿に寄り添うように立つ様子から、神霊が宿る霊木として崇められてきたのはまちがいない。呆然と眺めていると、途切れずやってくる参拝者が筆者の横を素通りし、反対側の木のたもとでしゃがみこみ、何やら祈っている。

そちら側に回ってみて、思わず声が出た。オロチ（大蛇）さながらの太い根が異常に露出し、須佐川に向かってふたたび地中に潜っていたのである。

須佐神社。神門から拝殿を望む。

伝説が息づく
現場へ

①八俣大蛇公園。石像でスサノオ命とオロチが対峙する場面があらわされている。②天が淵。斐伊川の上流と中流部の境にあり、ヤマタノオロチが住処とも、オロチが逃げ込んだ場所ともいう。③天が淵近くにある古社・温泉神社。クシナダヒメの両親、アシナヅチ・テナヅチの神陵がある。④山あいの高台に鎮座する八口神社境内の「壺神様」。石で蓋がされ、瑞垣のなか８本の御幣を立てて祀られている。⑤「尾留大明神天叢雲剣発祥地」（雲南市加茂町三代）。スサノオがオロチの尾を開いて剣を得た場所と伝わる。⑥⑦スサノオがクシナダヒメと最初の宮を築いたとされる須我神社の奥宮。夫婦岩と呼ばれる磐座は必見。

ヤマタノオロチは
今も生きている

次に、ヤマタノオロチ伝説をもっとも濃厚に伝える雲南市に向かった。

「伝承地は、雲南市全体で50箇所ぐらいに残っています」と、郷土史家の浜田富次氏。その浜田氏の案内のもと、筆者は同市を北から南に貫く斐伊川（肥河）流域と近隣の山間部に、オロチの痕跡を訪ねまわった。

まずは、斐伊川河畔の八俣大蛇公園（雲南市木次町）。

ここはスサノオ命が出雲国に降り立ち、肥河（斐伊川）の川上から箸が流れてくるのを見つけ、川上に住むクシナダヒメの一家の存在を知るという、出雲神話の最初の場面の比定地である。浜田氏によると、出雲大社に残されていた比婆郡の地誌の記述がその根拠だという。

そして、そこから斐伊川をさかのぼった先にある天が淵（同市木次町湯村）へ。

ここは斐伊川が山とぶつかり流れを変え、水流の浸食によって深くえぐられて生じた淵である。オロチの住処と伝わり、この近くにクシナダヒメとその両親が住んでいたといわれる。

なお、江戸期の『雲州樋河上天淵記』には「オロチが棲まうとき、南西方向に八色の虹が立つ」という伝承が記されており、出雲の太守・京極光禄が見まわりのためにこの地にやってきたところ、「雷鳴ものすごく、なおオロチの祟りが残っているのではないか」と語ったとされる場所である。

祟りといえば、ある地元の方は、腕に切り傷を負い、淵の水で傷口を洗ったところ、ひどく化膿してしまったことがあるという。「あそこは独特の岩盤で、何らかの成分が染み出ているかもしれん」。なお、天が淵には「蛇帯」と呼ばれる青と赤の筋になっている岩層があり、ヤマタノオロチの足跡とも伝えられている。

＊

スサノオがヤマタノオロチ退治の際に醸した酒（八塩折の酒）にまつわる伝承地もある。西日登地区の八口神社には、8つの酒桶（壺）のひとつを地中に鎮めたとされる「壺神」が祀られている。昔、土地の人がその壺に触れたところ、「にわかに天はかきくもり、山は鳴動して止まず、8本の幣と8品の供物を捧げて祈ってようやく鎮まった」という。

また、斐伊川を下ると、オロチの8つの頭を埋めて杉を植えたと伝わる「八本杉」、オロチの尾を開いて太刀を得たという「尾

留大明神跡地」なども残されている。

斐伊川中流域に残るこれらの伝承地は、まるで記紀神話をなぞったように展開している。だとすれば、記紀の後づけとして充てられたとも思われるが、これらが怪異や祟り話をともなう土地の記憶として深く刻まれているのもまた事実である。

であればなおさら、なぜヤマタノオロチは記紀に書かれて、『風土記』に書かれていなかったのかという疑問に戻る。

「すでに旧知の存在だったから、あえて書かれなかったのか……。逆に、地元目線で編まれた『出雲国風土記』には記紀にはない記述もあります」（浜田氏）

風土記が「地元目線」であるのに対し、『古事記』『日本書紀』は大和政権の目線で編まれた。この目線（編纂の意図）のちがいが、ヤマタノオロチの記述に大きく影響しているのはまちがいないだろう。

＊

確かに、大和政権にとって出雲という国は、かつての最強の抵抗勢力であり、打倒すべき悪だった。そのシンボルとして、記紀編纂者があえてヤマタノオロチという奇怪なモンスターを創作したとも考えられる。

ただし、よくよく調べれば、風土記には出雲大社の祭神・大国主神（大穴持命）が「越の八口」を平定したという記述がある。ヤクチのクチはヘビ（クチナワ）をあらわすといい、「越のヤマタノオロチ」と「越の八口」の類似から、もとは大国主の神話

だったものが記紀ではスサノオに置き換えられたとも考えられるのだ。先の「八口神社」という社名を思い出し、はっとさせられた。

ちなみに、一般的な解釈では、8つの首をもち、8つの谷や峰々におよぶそのスケールは、斐伊川本流と7つの支流を象徴し、真っ赤に爛れた腹は、山間の谷沿いで鉄を冶す「野だたら」の炎を形容したものと考えられている。

そのいずれも、もっともな解釈である。しかし少なくとも筆者には、出雲における"それ"は神話的・象徴的解釈には収まりきれないものを感じるのだ。

そんななか、筆者はついに"それ"と出会った。

松江駅からクルマで約20分、松江市八雲町に鎮座する志多備神社境内の奥に、御神木のスダジイがある。

昼なお暗く葉を繁らせるその大樹の根元には、大蛇を思わせる藁製のオブジェ（藁蛇という）がぐるり取り巻き、太い幹はエネルギーを爆発させんばかりに四方八方に分岐していた。瘤々とした幹は樹齢を経てますますその怪物性をあらわにし、その分岐するたもとで、藁蛇の頭が大口を開けてこちらを睨んでいた――。

これはいったい何者なのか。

怪物的な樹勢はもとより、幹にまとわせている藁のオブジェは何を意味しているのだろうか。

①志多備神社。『出雲国風土記』記載の古社で、境内にスダジイの神木がある。②分岐する幹の間に藁蛇の頭が置かれ、拝観者を驚かせる。③「志多備神社のスダジイ」幹回り11.4メートル、樹高20メートル。幹に長大な藁蛇を巻く神事「総荒神祭り」が、毎年11月9日頃に行われる。

ヤマタノオロチは実在した!

案 内板によれば、このスダジイは当地区を守る「総荒神の宿る神木」で、「胸高周囲11・4メートル、樹高約20メートルで、樹幹は地上３メートルあたりで９本に分かれ（１本は枯れている）」ているという。９本のうち１本が枯れて８本であれば、この御神木そのものがまさにヤマタノオロチを彷彿させている。

ともあれ、「総荒神が宿る神木」とは、この神木が荒神の依り代であり、藁蛇が巻かれることで荒神の御神体となったことを意味している。

ここでいう藁蛇＝荒神とは何者か。

日本民俗学の祖・柳田國男によれば、「地主神の思想に基づくもの」で、「正しく山野の神」、そして「『荒ぶる神』と云う呼称に基づくもの」であるという。また柳田は、「被支配者（先住民）のトップのうち、支配者（新住民）に従った者は国津神と称され、抵抗した者はこれを荒神という」とも述べている（『石神問答』）。

藁蛇は、実は島根や鳥取の各所で見られる。その多くは、神社の境内やその周縁部で、依り代となる木に藁の胴体を巻き付け、その根元に龍頭（蛇頭）を安置する形で野ざらしのまま祀られている。

それらはみな「荒神さん」と呼ばれる。出雲造の壮麗な社殿に比べれば扱いは粗末だが、藁蛇は毎年新造され、おびただしい数の御幣が立てられていた。

人々にとって荒神はより近しい神霊だが、決して優しい神ではなく、その神威は祟りとして発現する。だからこそ、丁重にお祀りしなければならないのだという。須佐神社の須佐氏も、旧家の数軒とともに毎年年末に５〜６メートルの藁蛇をつくり、とぐろを巻かせて龍頭を載せ、集落を一望する場所に祀っているという。

この藁のオロチであらわされる荒神、すなわち荒ぶる地主神を恐るべきモンスターとして描き出したものが「八岐大蛇（八俣遠呂智）」の正体だったのではないか。

だとすれば、“それ”は今なおこの土地の人々の心に脈々と生きている。

その証として大切に伝えられてきたものが、正体不明のオロチの骨であり、藁蛇だったのではないか。出雲を旅して筆者はそう思ったのである。

『日本昔噺集 八頭の大蛇』に描かれたヤマタノオロチ。

④⑤ともに松江市・揖夜神社境内に祀られている「荒神さん」。依り代となる木に藁蛇が7巻半巻かれ、龍頭が供えられている。多数の御幣が立てられ、ねんごろに祀られているのがわかる。⑥同市、神魂神社の「荒神さん」。国宝の社殿の脇に質素な鳥居が設けられ、その奥、竹垣のなかに藁蛇が封入されている。

藁のオロチと「荒神さん」

本書では、奥宮というキーワードで、カミ祀りの原点を探ろうとしている。その意味では、離島そのものが「ニッポンの奥宮」だったのではないか、そんな思いつきを反芻しながらこの原稿を書いている。というのも、駆け抜けるように巡った隠岐の各所で、「はじまりの場所」に行き当たったからである。

　そもそもきっかけは、「乳房杉」という御神木を知ったことだった。そして、たまたま島根に行く機会があり、クルマを出してくれる仲間がいて、丸一日使える日があった。当初は一本の木を拝むための渡航だったはずなのだが、結果として、あわただしくもめくるめくような巡礼行となったのである。

「岩倉の乳房杉」。社殿をもたない岩倉神社の御神体とされている。
※令和3年6月時点で道路通行止め（詳細は隠岐の島町観光協会に確認のこと）。

Shimane

隠岐諸島・島後島の西郷港を基点に、クルマを利用
① 御客神社（島根県隠岐の島町原田）／約15分
② 岩倉の乳房杉（岩倉神社、同町布施）／①より約22分
③ 大山神社（同町布施）／②より約22分
④ かぶら杉（同町中村）／③より約16分
⑤ 玉若酢命神社（同町下西）／④より約12分
※令和3年6月時点、②は2020年の豪雨被災により通行止め

〝本殿〟は巨樹と巨石なり

①大満寺山北麓の林道沿いにあらわれる岩倉神社。神社といっても御神体の「乳房杉」があるのみ。②乳房杉。地上10メートルあたりから20数個もの乳根が垂下している。③古代のカミ祀りの様相を今に伝える御客神社（写真＝島根県観光連盟）。④鳥居に渡された注連縄はワラヘビで、真ん中に蛇頭あり。⑤道路脇の参道から見た大山神社。石灯籠の先にあるのは御神木のみ。⑥御神木にはカズラと呼ばれる木性のツルが巻かれ、真ん中に大きな御幣が挿されている。

5

6

いにしえの流儀を伝える
お社のない神域

ひと口に隠岐島というが、正しくは隠岐群島で、南の島前(島前3島)と北の島後に大別される。後者はひとつの島からなり、全域が隠岐の島町だ。松江市七類港からフェリーで2時間半。島後の西郷港に近づくと、島の主峰・大満寺山が見えてきた。その向こう側(北麓)に、今回の渡島を決心させた「乳房杉」がある。

ところが、そこに至るルート上(県道316号)に、ネット検索で「古代の自然信仰の姿をとどめる」神社があるという情報が引っかかった。

御客神社というらしい。グーグルマップが指し示す県道沿いのポイントでクルマを停め、そのあたりを見やるが、そこはただの空地にしか見えなかった。しかし近づいて見るほどに、ここがただごとではない場だというのがわかってくる。

草に覆われていてややわかりづらいが、正面には巨岩がせり出していた。そこには注連縄が張られ、数本の御幣が供えられている。つまり、この岩塊は神宿るイワクラであり、手前の舞台状のスペースがカミ祀りの場なのである。

その鳥居にまた驚く。2本のスギの立ち木に竹を渡し、注連縄が載せるというきわめて原始的なものなのだが、よく見ればその注連縄はワラヘビそのものである。そして、鳥居の柱をなす立ち木は、巨大な切り株の上に植えられているのだ。

切り株は、その大きさからして数百年クラスの神木だったと思われる。同じく鳥居木だったのだろう。少なくとも"先代"が植えられた頃もここは同様の空間だったにちがいない。御客神社の祭神も由緒も不明だが、お社をもたない神社とはすなわち、「神社」以前の信仰を今もそっくりとどめた場なのである。

*

ルートは、大満寺山(標高608メートル)とその北側の鷲ヶ峰(563メートル)に挟まれた谷筋の林道に入る。やがて右手にゴロゴロとした石塊で覆われた景観があらわれ、目的地を知らせる看板が見えてきた。

クルマを降りると、ぞくぞくする冷気を感じた。なぜだろうと思う間もなく、先にクルマを降りた同行者が声を挙げていた。道路沿いの鳥居の奥、二、三十メートル先の斜面に、一本の木が怪物さながらの奇態でそそり立っていたのだ。

岩倉の乳房杉。それは岩倉神社の御神体であるという。

樹齢は８００年という。地上数メートルのところから15本の幹に分かれ、大小24個の乳房状の根を枝に下げている。その最大のものは長さ2・5メートル、周囲2・2メートルにおよび、年々少しずつ伸びているという。湾曲して上に伸びる枝はいわゆるウラスギの特徴だが、乳房状の根を垂らすスギは類例のないものだ。

その容貌は、どうやらこの地の特異な環境によって生じたらしい。

大満寺山の山麓は玄武岩のガレ場で覆われ、豊富な地下水に冷やされた空気が岩の隙間からたえず吹き出ているため（先の冷気はそれだった）、海からの暖気とぶつかって霧を多く発生させる。そんななか「乳房杉」は、もうひとつの根を地上で発達させ、空気中から水分を吸収しているという。

つまりこの木は、根を張って生長するには過酷すぎる土地で、独自に進化した奇蹟のスギなのである。そのような木が神格化され、母乳の神として崇められるようになったとのことだが、その信仰のベースには、どうやらその山を代表する一本の木を山の神として祀る、この島特有の信仰文化があるようだ。

＊

乳房杉から林道をそのまま東に下っていくと、20分少々で道路脇に立つ大山神社の鳥居に迎えられる。こちらもやはり、ネット検索に引っかかった場所だ。

鳥居をくぐると、一対の石灯籠があり、境内と思しき広場がある。しかし、そこにあるのはたった一本のスギだけである。ほかには清々しいほど何もない。

しかし、その一本の存在感たるや……幹にぐるぐると巻き付けられているのは、カズラと呼ばれる山から伐り出された木性のツルである。そしてその正面には高さ2メートル超の大幣がドンと差し込まれ、その脇には荒縄に挿された幾本もの御幣も見える。まさに、巨大なヒモロギ（神の依り代）そのものである。

とりわけ、山の神ならではの野趣を醸し出しているのがカズラである。カズラといえば、アメノウズメが天の岩屋戸で「天のマサキをカズラとして」冠状に頭に被り、神招ぎのダンスを踊った『古事記』の一節が思い出される。カズラを用いる神木祭祀は、隠岐でも旧布施村周辺以外では見られなくなったというが、辺境の離島であるがゆえ、忘れられた古の流儀が保持されてきたのかもしれない。

隠岐・島後の玄関口、西郷港手前の海から大満寺山（写真中央）を望む。

①県道316号沿いに威容を見せるかぶら杉。②③玉若酢命神社の随身門をくぐってすぐの参道沿いに立つ通称「八百杉」。人々が結縁を祈って触ったためか、人の手の届く範囲だけ光沢している。④800年生きたという伝説の八百比丘尼像（福井県小浜市・空印寺蔵）。⑤「八百杉」（国天然記念物）。樹高は約30メートル、幹回りは約9.9メートルにおよぶ。

樹齢一千数百年の生き証人

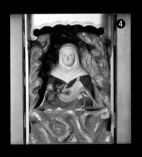

弥生時代からの記憶を伝える
「八百杉」

「島後の三大スギ」と呼ばれる巨樹があるという。ひとつは先の「乳房杉」だが、　もうひとつの「かぶら杉」は、県道脇の沢沿いに屹立していた。その巨きさもさることながら、根元近くから分岐してそろって天を衝く様相に感嘆させられる。

ちなみに、スギは日本の固有種で、葉や枝の形状から多雪地帯の日本海側に分布するウラスギと太平洋側に多く分布するオモテスギに大別されるという。

うち、乳房杉やかぶら杉はウラスギに相当するのだが、「隠岐ユネスコ世界ジオパーク」の説明では、今から約2万年前の最終氷期、本州内陸で生育できなくなったスギが、海に突き出た（当時は陸続きだった）隠岐に避難し、この地で生き延びた種が温暖化にともなって日本海側に広がったと考えられるという。つまり、隠岐のスギ（ウラスギ）は氷河期以前からの原種の生き残りにして、寒冷地適応バージョンの直系子孫だというわけである。

こうした事実は、われわれが漠然と抱く辺境・離島に対する憧憬を裏付けているようにも思える。要するに、失われた原点がここにあるように思えてならないのだ。お社のない神社しかり、驚異の御神木しかり。ともあれ、「三大スギ」の最後のひとつがある、かつての隠岐国総社・玉若酢命神社へと向かった。

*

かつて小泉八雲ことラフカディオ・ハーンはこう書いている。

「（その神社は）神聖な木立に囲まれて、色んな色の山脈が縁取りして居る風景の中にあって、うつとりする程印象的である。……その門前に、高さは著しいものでは無いが、周囲は實に驚くべき有名な杉がある。地面から二碼（約183センチ）の処でその周囲が四十五呎（13・72メートル）ある。この杉がこの聖地へその名を與へて居るのである。すなはち隠岐の百姓は決して玉若酢神社とは言はずに、ただ『オホスギ』と言つて居る」（『知られぬ日本の面影 下』カッコ内は筆者補筆）

その「オホスギ」は、随身門のすぐ先にやや参道側に傾いて立っていた。通称を「八百杉」という。

よくぞ生きておられた、そう声を掛けたくなる老大樹である。樹齢は1000年とも2000年以上ともいわれるが、これは要するに、見当もつかないほど古いの意味

だろう。数百年レベルのスギとはあきらかに風合いを異にしている。

その枝葉の特徴から、この木もウラスギといわれている。聞けば、近年の台風で根元近くの大枝が折れてしまっていたらしい。ということは、往時は湾曲するたくましい枝をもっと横に広げ、山形の樹冠を形成していたのだろう。

今はその豪壮さはやや影を潜め、幾本もの太い鉄パイプで支えられて長すぎる晩年を送っている。そのお姿はおいたわしい限りだが、それでもこれほどの木であれば手厚い看護はご甘受いただくほかない。何しろ、このスギは弥生時代から隠岐諸島の中枢だったといわれる「場」の、唯一の生き証人だからである。

＊

というのも、玉若酢命神社の後背地にはこの地の首長墓を思わせる古墳群が控えており、当社の宮司家である億岐家は、６４５年の大化の改新以前から隠岐の国造家で、国造廃止ののちは国司として隠岐国に君臨したという。同家に伝わる「隠伎倉印（おきぞう）」、「隠岐国駅鈴（えきれい）」（ともに奈良時代、国重要文化財）はその証である。

ちなみに、「八百杉」の名の由来を物語るこんな伝説がある。

——その昔、若狭の国から人魚の肉を食べて老いることを知らない比丘尼（びくに）がやってきて、総社に参詣し、後々の形見にと杉の苗を植えて「800年たったらまたここに来よう」と伝えた。

ここで語られる比丘尼（尼僧）の話は、世にいう「八百比丘尼伝説（やおびくに）」——800年生きた比丘尼——のバリエーションで、全国各地に残された伝説のひとつである。であれば、「八百」は比丘尼の異名によるもので、「800年たったら」のくだりは後づけかもしれない。あるいは、もとは類まれな古樹の年齢を「数え切れないほど」「たくさん」を意味する「八百」と形容しただけだったのかもしれない。

しかし一方で、この島に八百比丘尼伝説が伝わった意味も無視できない。

というのも、八百比丘尼は典型的なマレビト（異界から来訪する異人・神人）であり、隠岐は昔から多くのマレビトが寄りつく島だったからである。古くは渤海や新羅からの使節、そして都を追われた貴人（上皇や天皇ほか）たち。彼ら"異人"を受け入れてきた島は、歴史的には決して孤島ではない。外界との交流によって生まれた自然と文化がそのまま残された、ニッポンの記憶の保存庫なのである。

玉若酢命神社。本殿は「隠岐造」と呼ばれるこの地域独特の様式（写真＝島根県観光連盟）。

神秘と謎が交錯する
洞窟神社のミステリー

　衛星地図で九州を俯瞰すると、真ん中に目玉のような阿蘇カルデラがあり、その東方、目尻あたりに大分県竹田市が位置している。太古、4度にわたる阿蘇の大火砕流によって堆積された岩層は、河川によって三方から削られ、この地に深い皺を刻んでいる。

　そんな奥豊後の地で出会う驚きや感動の多くは、ことごとく岩（石）に関係していた。なかでも私の関心は、この地の洞窟にフォーカスされていった。というより、気になる神仏スポットを探索していくと、いつも"そこ"に突き当たってしまうのだ。

　あえてタイトルをつけるとすれば、「洞窟神社のミステリー」。では、豊後竹田駅を起点に、謎めく洞窟をめぐってみたい。

穴森神社。祖母山の神・嫗岳明神の化身とされる「大蛇の霊」を祀り、拝殿裏の岩窟がその御神体である。

【大分・奥豊後の洞窟神社へ】
　ＪＲ豊後竹田駅を基点に、クルマを利用
①宇田姫神社（豊後大野市清川町）／約20分
②穴森神社（竹田市神原）／①より約40分
③健男霜凝日子神社下宮（同神原）／②より約10分
④キリシタン洞窟礼拝堂（同市竹田）／③より約25分
⑤上坂田の摩崖仏（神明社、同市上坂田）／④より約20分

Oita

2

4

洞穴がつなぐ
ふたつの神域

①宇田姫神社。湧水地にはじまる古社で、祭神は華の本姫（宇田姫）。②同社の社殿左奥に進むとあらわれる洞穴。宇田姫神社の原点というべき場である。③穴森神社の拝殿。正面はガラス張りで、礼拝すべきはこの奥であることを伝えている。④同社の本殿裏はこのとおり。陥没地形になっており、右側に洞窟が大きく口を開いている。⑤境内にある生目社と淡島社。眼病と婦人病平癒の神。⑥穴森神社の本殿というべき洞窟は、200円を納めると自動にライトが点灯。洞内に入ることができる。

6

1

ふたつの洞窟を結ぶ
豊後の英雄誕生の神話

最初に詣でたのが、竹田市の隣、豊後大野市の宇田姫神社だ。

国道５０２号を東に進み、砂田交差点で右折すると、ほどなく県道沿いにこんもりした森と鳥居があらわれる。その脇では湧き水が塩ビのパイプから勢いよく出ていた。「宇田姫様の御神水」と呼ばれている名水である。

境内の奥行きは狭く、神社は岩壁に抱かれるように建っている。湿度で苔むした拝殿脇に進むと、御神木のスギと「地神」と刻まれた石祠が合体するように祀られており、さらに進むと、聖別された不思議な洞穴に行き当たった。

その手前は鉄柵で仕切られ、竹製の鳥居が立てかけられている。洞穴は人為的な壁で塞がれており、残された四角い小さな開口部には鉄の桟が嵌められている。そのねんごろな設えは、ここが本来のご神体（祭神の御座所）であることを意味するのだろう。洞穴の脇には先の水場に通じるパイプが見え、もとは水源の神を祀る神社だったことがわかる。

祭神は、宇田姫こと華ノ本姫。ローカルな女神だが、この地域に伝わる"神話"では重要な意味をもっている。すなわち、「怖しき者の末裔なり」（『平家物語』）と伝わる豊後の英雄・緒方三郎惟栄の出自にかかわる場所なのだ。

*

では、その"神話"を『平家物語』から引いてみよう。

「豊後国のある山里に、独り身の娘がいた。ところがいつの頃からか、素性の知れぬ不思議な男が夜な夜な娘のもとに通いつめ、やがて娘は身ごもった。母に問いただされるも、娘は『来るときには目に見えるが、帰るときは何も見えない』という。

そこで母は、娘に男が帰るとき針に緒環（糸を巻いて玉状または環状にしたもの）を通して、男の襟に刺すよう教えた。そしてその夜、男が帰ったあとをたどると、糸は日向国の境にそびえる嫗岳の大きな岩屋の中につづいていた。

その奥から異様な唸り声が聞こえ、娘は岩屋の前で『一度、お姿をお見せ下さい』と言うと、奥から「わしは人間ではない、見ないほうがよい」と。それでも娘が重ねて求めると、声の主が奥からはじめて姿を見せた。それは、嫗岳の主と思しき巨大な大蛇で、針が喉笛に突き刺さっていた。

大蛇は苦しげな息で、『お前のはらめる子

は男なるぞ、弓矢打物を取らせば、九州九国二島に並ぶ者はあるまい』と告げた。

まもなく、娘は予言どおりに男子を産んだ。男の子は偉丈夫で大太と名づけられた。夏冬にも手足にアカガリ（アカギレ）ができたので、アカガリ大太と呼ばれた。死んだ大蛇は高千穂大明神であり、緒方惟栄はこの大太の五代の孫であるという。このような怖しき者の末裔のため、九州の武士らはみな惟栄に従った」（大意）

＊

娘（宇田姫）は、嫗岳の神の化身である大蛇の子を身籠り、この地で神の子・大太を生んだ。その末裔が緒方三郎惟栄だという。そして惟栄は、源氏と平氏が覇を争った時代の風雲児として台頭し、九州一円に名を轟かせた。かの岡城も、惟栄が源頼朝に追われた義経を迎えるために築城したことにはじまるという。

ちなみに、上の「大太」は、豊後大神氏の初代・大神惟基とされている。

大神氏の本貫は大和国（奈良）にあり、三輪山の祭祀をつかさどった氏族（大三輪氏）である。その始祖オオタタネコは、蛇体で顕現するという三輪山の神と在地の姫とのあいだに生まれたという。つまり、上記「おだまき伝説（蛇婿入譚）」の典拠はそこにあった。そのモチーフを借り、豊後と日向（宮崎）にまたがる霊峰・嫗岳（祖母山）の神と結びつけたのが、上の伝説だったわけである。

しかも、その神体は高千穂大明神という。

たしかに祖母山は、天孫降臨の聖地・高千穂の祖山で、神武天皇が祈りを捧げ、その東征を守護した神の山だった。ともあれ、こうした因縁が幾重も重ね合わされて、大神氏の一支族にすぎなかった緒方惟栄は「怖ろしき者」となったのだ。

しかし筆者の関心は、英雄神話の解釈よりも、洞窟のミステリーそのものにある。

尽きることのない御神水はどこからもたらされるのか、宇田姫神社の洞窟はどこに続いているのか。“神話”の原点はそこにあったはずだ。

そのまなざしが奥豊後の最奥にそびえる祖母山に向けられたとき、山麓にあった巨大な洞窟が注目されたのは当然のことだった。上記でいう「嫗岳の大きな岩屋」。竹田市神原にある穴森神社が、伝説のもうひとつの舞台である。

＊

宇田姫神社から南西方向へクルマで約40分。うたひめロードと命名された広域農道を走ると、神原地区に出る。その地名

穴森神社御神体の洞窟にて撮影中の筆者。
（撮影＝田中勤子）

のとおり嫗岳（祖母山）の神を祀る古社が点在（右ページ）している。そのひとつ穴森神社は、鬱蒼とした森の奥にあった。

拝殿正面の壁はガラス張りで、本殿はその奥であることを示唆している。さっそく裏に回ると、拝殿の奥は岩盤が陥没したように窪んでおり、その側壁に、洞窟が大地の裂け目のように口を開けていた。見たことのない"神殿"だった。

「岩窟は、元々は満々と水をたたえる一町歩ばかりの池でした。池の中には大蛇が棲み、御神体として崇められ、池の明神、池社と称されていました。池の水が抜かれた後、岩窟を神社の御神体として、窟大明神（いわやだいみょうじん）とも称されました」（web「九州の神社」内、穴森神社の由緒より）

祭神は「大蛇の霊（おおへび たま）」。古くから祭事が行われていたといい、祭がおろそかになればたちまち天候が急変し、人々を苦しめたという。それを見かねた第3代岡藩主・中川久清（ひさきよ）公が神池を決壊させると、3日3晩の暴風雨になったという話もある。

江戸・元禄の時代には、岩屋が鳴動しているとして農民が洞内を捜索すると、「岩窟の奥に清泉が迸（ほとばし）り、神池があり」、「池の大きさは6坪で、地下を潜ると渓流となって」いたという。そして洞内から「犬の頭より大きな石の如き白骨」すなわち大蛇の骨を発見。宝永8年（1711）には、「社殿の後方の岩を穿って蛇骨を安置し、穴之森大明神と称するようになり、藩主中川家累代の祈願所となった」とのことである（「」内、上掲由緒より）。

古の人なら、大蛇が棲むというこの穴に入ってみたいなど畏れ多くて決して思わなかっただろう。でも今は、岩屋入口で100円硬貨を2枚奉納すれば、20分間洞内をライトで照らしてくれる。

内部は立って歩いても余裕の大空間が広がり、ライトがあたる場所には先客の積み石があちこちに残されていた。安産祈願の祈願所となっているらしく、「ここの石を持って帰って赤ん坊を産んだ人がたんさんいます」（地元の方）とのことだ。

洞窟の形状から、いつのまにかここは大地の子宮に擬せられ、信仰されるようになったのだろう。この洞窟のヌシと交わり、神の子を産んだ宇田姫伝説は、その御利益の証として人々から理解され、語り継がれていったにちがいない。

ちなみに、穴森神社の神池（今も洞窟奥にあるという）に籾を投げ入れると、その12日後に宇田姫神社の泉に流れ出ると言い伝えられている――。

❼

⑦⑧神原地区の高台にある健男霜凝日子神
社下宮。穴森神社とともに祖母山の神を祀る
古社だが、その本殿は祖母山を遥拝する洞窟
内に祀られている。奥行きのある洞窟内の地
層はさながら大蛇を思わせるものだ。⑨祖
母山頂に祀られている健男霜凝日子神社上
宮。嫗岳大明神、祖母山大明神とも呼ばれる。
(撮影＝田中勤子)

8

❾

岩窟に秘められた祈りの場

①キリシタン洞窟礼拝堂。城下町・武家屋敷の裏手にあり、凝灰岩をくり抜いて造られ、隣には司祭が隠れ住んだという洞窟がある。②市用横穴古墳群。左からふたつ目の横穴墓に、五角形の掘り抜きが見られる。③洞窟稲荷社のひとつ岩下火伏稲荷神社。豊後竹田駅近くの断崖に祀られている。④⑤農道脇の「神明社」と掲げられた木造の鳥居から、田のあぜ道のような参道がつづいており、山に分け入って10分ほど歩くと、磨崖神像のある洞窟があらわれる。⑥洞窟の壁面に彫り抜かれた謎の神像。像高2メートル超あり、かたわらに稲荷明神像を納めた石祠がある。⑦洞窟正面の祠には、正体不明の童子形神像が。正面の×印が印象的である。

洞窟つながりで浮上する
稲荷とキリシタン信仰の縁

洞窟はわれわれの古い記憶ともつながっている。

はるか太古の先祖らは、その岩陰で夜露をしのいだだろう。やがて里への定住が進むと、そこは死者を葬る場所になった。

また、日本神話の「天岩屋」は、アマテラス大神が洞窟（岩屋）に籠もり、ふたたびあらわれる話だが、それは死と再生の暗喩であるとともに、衰えた霊威の復活と発現を意味していた。

このように、洞窟はさまざまなシンボルが重ねられる場だが、それにしても奥豊後の竹田には気になる洞窟が多すぎる。

その背景には、当地が阿蘇由来の溶結凝灰岩に覆われた地だったことが挙げられるのだが、とりわけこの地域には、独特の洞窟文化というべきものが存在していたのではないかとも思える。

なかでも特筆すべきは、人の手で掘られたカミ祀りの洞窟の多さだ。その一例が「キリシタン洞窟礼拝堂」である。

竹田キリシタン研究所・資料館所長の後藤篤美氏によれば、「全国に自然洞窟を利用したキリシタンの礼拝堂はほかにもあるものの、人間がノミを使って人工的に岩を掘った洞窟礼拝堂は、全国でも竹田だけ」とのことだ。

この礼拝堂は元和3年（1617）に造られた。つまり江戸幕府による禁教令が出された後である。しかもそれは岡藩の筆頭家老の屋敷奥にあったことから、後藤氏はキリスト教の信仰を藩ぐるみで隠したと考えられるという。

礼拝堂は、妻入り風の五角形の彫り込みがなされ、その内部に祭壇部分を残して掘り抜かれており、その脇に集会所となる大きな洞窟が併設されている。氏によれば、同様のつくりをした稲荷社が市内各所にあり、それらも元はキリシタンの礼拝堂だったのではないかという。

＊

ちなみに後藤氏は、五角形の意匠は西洋のゴシック様式の教会を模したものではないかと推測しているが、それをひっくり返すような事例が竹田市内にあった。

市用横穴古墳群。古墳時代後期の6世紀末頃のものといわれ、平園天満社（竹田市市用）の崖面に11基の横穴墓が口を開いているのだが、うちひときわ目立つ1基が、洞窟礼拝堂や洞窟稲荷社とおなじく五角形の開口部を有しているのだ。

横穴墓と稲荷社とキリシタン礼拝堂。その形状の類似にはっとさせられるが、あまりに時代背景の異なるそれらに共通する意味を見いだすのは難しい。

ただ、ひとつのヒントになりうるのが、同じ竹田市にある九州三大稲荷のひとつ、扇森稲荷神社（竹田市拝田原）だ。当社は白狐の頭を埋めて祀ったという由緒から「狐頭さま」と呼ばれ親しまれているが、その近隣にも族長クラスの墓とされる横穴古墳があり、古くは古墳祭祀に由来する場であったと考えられている。

ちなみにその創建は、元和2年（洞窟礼拝堂の築造の同年）。岡藩2代藩主の勧請によるものという。つまり江戸時代の初期、竹田（岡藩）では横穴墓と稲荷信仰、およびキリシタンの信仰が、洞窟つながりで共存していたのである。

*

洞窟神社をめぐるミステリーツアーの最後は、上坂田摩崖仏（神明社）である。

のどかな農村風景のなか、道に迷い、土地の人に尋ねながらようやく目印となる「神明社」の鳥居を見つけた。鳥居がなければその先に続く道が参道だと誰も思わないだろう。山の中を10分ほど歩いただろうか、道を間違えたかと不安になったところで、岩壁がそそり立つ場所に出た。崖の奥に「上坂田摩崖神像」という標識が立ち、ぽっかり横長に開口する洞窟が姿をあらわした。

ザクザクとした人工の掘り跡が残るその内部に入ると、側面に浮き彫りされた巨大な「摩崖神像」にぎょっとさせられる。高さ230センチ、吊り上がった目で歯噛みする巨大な憤怒の相。両肩には翼のようなものを背負い、首元にはネックレスのように紙垂を垂らした注連縄が巻かれている。

なお、正面には2基のお社が奉安され、一方にはゴロゴロの丸石、もう一方には丸っこい容貌の石像が納められていた。また摩崖神像脇の石祠にも石像が奉安されていたのだが、その姿は、稲束を背負った老翁相、すなわち稲荷明神像だった。

では、この摩崖神像は何者か。有翼像といえば、本邦では天狗やイズナ・アキバの権現像が思い浮かび、大ぶりの鼻から導きの神サルタヒコ説もあるようだが、いずれとも判じがたい。お社の中の像も同様で、神とも仏ともつかぬ童形像である。

キリシタン信仰の脈絡で想像をたくましくすれば、摩崖神像は受胎告知の大天使ガブリエル、童形像は神の子イエスとも思われるが、もとより根拠はない。

むしろ、里人の目から隠すようなロケーションにあることから、稲荷神が媒介する何らかの隠れ信仰の場ではなかっただろうか……。

そういうわけで、豊後竹田の洞窟ミステリーは、いまだ解決を見ないまま筆者の内に引っかかりつづけているのだ。

上坂田神明社の洞窟内部。祠のある
正面ではなく、脇面に彫られてた磨
崖神像は、守護神か眷属的位置づけ
だろうか。その像に稲荷明神像を祀
る石祠が寄り添う。

神話の時空をめぐる
原点回帰と再生の旅

　外輪山がぐるりと取り囲む阿蘇カルデラ一帯は、今では想像すらできない規模の噴火によって生じた陥没地形だった。その中央には、阿蘇五岳が東西に稜線を描き、北に阿蘇谷、南に南郷谷が田園地帯を形成している。

　私は6歳から10代のほとんどを実家のある北阿蘇（現阿蘇市）で過ごしたのだが、南阿蘇の古社を知ったのは故郷を離れてからのことだった。そして訪ね詣でてみるごとに、こちらこそ阿蘇の原点にして、神話の時空を色濃く残す九州最奥の秘境であることを再認識させられることになった。

　では以下、そんな私がプランニングした〈原点回帰と再生の南阿蘇巡礼〉へとご案内したいと思う。

上色見熊野座神社の幻想的な参道景観。
視線の先に小さく社殿が見える。

Kumamoto

【熊本・南阿蘇の古代神社へ】ルート

阿蘇くまもと空港を起点に、クルマを利用
①上色見熊野座神社（高森町上式見）／約50分
　かみしきみくまのざ
②高森殿の杉（同町高森）／①より約8分＋徒歩
　たかもりどん
③草部吉見神社（同町草部）／②より約20分
　くさかべよしみ
④幣立神宮（山都町大野）／③より約30分
　へいたて
⑤白川吉見神社（白川水源、南阿蘇村白川）／④より約35分

上りつめた先にある光明

①上色見熊野座神社の参道入り口。すでにただならぬ気配を漂わせている。②参道脇にある「さざれ石」。鬼八法師が岩塊をぶち抜いたときに転げ落ちてきたと伝わる。③拝殿前最後の石段。拝殿脇には、御神木・ナギの若木がある。④本殿裏から仰ぎ見る「穿戸岩(うげといわ)」。昼なお暗い神域に光を刺している。⑤穿戸岩前の祭場。さながら記紀神話の天岩戸(あめのいわと)の場面を彷彿させる。

鬼八が蹴破った
縦横10メートル超の大風穴

空 港から東へ。阿蘇外輪山の西端にあたる俵山トンネルを潜ると、阿蘇五岳が確かな存在感であらわれる。やがて道は阿蘇の南麓を東西に結ぶ国道に入り、五岳の東端、根子岳の麓に位置する上色見地区へ向かう。

途中、「パワースポット」の幟を見かけ、停車する。道路わきの公園に「阿蘇大御神御足跡石」なる巨岩が祀られていた。説明版によれば、阿蘇の主神・健磐龍命がこの地の平定と発展を願ってこの石の上に立ち、祈ったのだという。

面白いのが、江戸時代の史料に書かれ、当地で言い伝えられていたそれが、平成になって捜索され、掘り出されたことだ。言い伝えどおりに大御神の足跡らしき窪みがあり、農耕のはじまりを象徴する「鍬の跡」も残されている。近くに名勝・白川水源があることからも、南阿蘇の開拓がここから始まったという"神話"には説得力がある。まさしく「原点」のひとつである。

高森の中心街から奥へと進んだ山間に「上色見熊野座神社」の看板が見えてきた。

詣でたのは12月のある平日。地元の感覚からすれば、こんな時期にわざわざ人が来るはずがないのだが、ぽつぽつと途切れず参詣者がやってくる。きっかけは、あるマンガ・アニメ作品のモデルになったことだという。外国人が少なからず混じっているのも、今やアニメ由来の"聖地"らしい風景なのかもしれない。

ともあれ、その作品「蛍火の杜へ」の世界観に仮託されたのが当社の参道である。作中の舞台となっているのが妖怪の住まう「山神の森」で、その参道は異界へと通じる回路を象徴しているのだ。

何をしてそう思わせるのか。

約300メートルの緩斜面に延々とつづく石段、その両脇に連なる苔むした97基の石灯籠、そして、南に立ちふさがる山と鬱蒼と茂るスギが日光を遮ることによって生じた、ほの暗く湿った空気感。それらが相まってここにしかない世界を醸し出しているのはまちがいない。

*

しかし、当社が真の意味で唯一無比である理由は、本殿の裏にある。

見上げた先、月形山と呼ばれるその頂にそそり立つ岸壁の一部が穿たれ、その向こう側から光が差しているのである。

その名も穿戸岩。光明に導かれるように本殿裏の急斜面を登ると、そこに古代的な

祭場があった。岩陰に簡素な祭壇があり、"穴"を封じるように注連縄が張られている。そこは上色見熊野座神社の奥宮にして元宮なのだろう。

連想されるのは、岩屋に籠ったアマテラス大神が岩戸開きによって姿をあらわすあの場面。いわば、ふたたび世界が光明を取り戻したあのシーンが常時開演中なのだ。

ちなみに、その由緒はこんな話である。

——そのむかし、弓矢に興じる健磐龍命が、阿蘇山頂から矢を放ったが、その矢をいちいち拾いに行かされる従者の鬼八は、嫌になって矢を足の指に挟んで投げ返した。すると命は猛激怒。追いかけられた鬼八は、外輪山を越えて逃げようとしてこの岩壁に阻まれ、ええいと岩を蹴破って逃げた。その穴が穿戸である……。

見方によれば、もとは阿蘇の地主神だった鬼八は、理不尽な仕打ちに抵抗し、立ちふさがる岩盤に風穴を開けたともいえる。「一念岩をも通す」というが、穿戸岩は、どんな困難をも突破する必勝のシンボルとして拝まれているのである。

＊

上色見熊野座神社の祭神は、伊邪那岐命、伊邪那美命と石君大将軍といわれる。「石君」なる珍しい神名は、石の神すなわち穿戸岩に坐す神と理解して差し支えないだろう。当社近くには5世紀ごろといわれる阿蘇地方最古級の古墳が発掘されており、類いまれなこの岩山は先史から崇められ、

祭られていたと考えられる。

ちなみに、『阿蘇郡誌』には「阿蘇大神の荒人神・石君大将軍」とも書かれているが、この「荒人神」とは、神霊の活動的な荒ぶる神格（荒魂）を指しているにちがいない。まさに岩を穿つほどの神威として畏れられていたのだろう。

そこに熊野信仰が重ねられ、穿戸岩を仰ぎ見る場所に社殿が祀られた。

その年代は、熊野神（熊野権現）が全国に分霊された鎌倉時代末から室町時代のことだったと考えられている。実は、祭神のイザナギ・イザナミ命は、日本神話にいう男女の祖神であるとともに、それぞれ紀州（和歌山県）熊野の速玉男神、牟須美神と同体と考えられていた。略して「タマ・ムスビ」の神。万物の生成化育から男女の縁結びまで幅広い御神徳で知られている。

さらに熊野といえば、「黄泉返り（蘇り）」の聖地。穿戸岩とセットで詣で、開運と再生復活の契機にするのが吉である。

上色見熊野座神社の根源地、月形山山頂の「穿戸岩」。

物語る御神木

①②高森殿の杉。2本のまったく樹相の異なるスギの巨木が偉容を見せ、雌雄に喩えられて人気のパワースポットになっている。③「日本三大下り宮」の一、草部吉見神社の参道から社殿を見下ろす。④社殿向かって右の窪地には、湧水が注ぎ込む伝説の「吉ノ池」があり、龍の石像が置かれている。⑤同社、本殿の脇に窪地からそそり立つスギの御神木。境内に神威を放ってやまない。

神話と歴史の謎を秘めた
神秘の「下り宮」

次の参詣地は、阿蘇随一の古社・草部吉見神社だが、その前にどうしても立ち寄りたい場所があった。

高森町の中心街から東へ。南外輪山の東の付け根に当たる山の中腹、あか牛が草をはむのを横目に見ながらクルマを止め、ひたすら歩道を登っていく。すると鬱蒼とスギが生える谷に至り、他を圧する2本の巨樹が視界に飛び込んでくる。

「高森殿の杉」という。直立するスギに見慣れた目からは、これがスギなのかと思うほど猛々しく、異相ははなはだしい。

最近はテレビや雑誌でもしばしば取り上げられる話題のパワースポットらしく、聞くところでは、某有名女優がこの地を訪れて雄杉と雌杉の幹に抱きついたところ、直後に結婚が決まったことから、縁結びの御利益で知られているらしい。

その話はともかく、その特徴的な樹相から「雄」と「雌」に見立てられているのはわかる。ただ、気になるのは「高森殿の杉」という名の由来である。

ウィキペディアによれば、「（ここは）戦国末期、薩摩島津氏の侵攻を受けて落城した高森城主の高森伊予守惟居と、側近の三森兵庫守能因の自刃の地として伝えられている」といい、「高森城主主従のもともとの墓所である」という。ただならぬ逸話にぞくりとさせられるが、よく見れば、観光サイトのいう「雄杉」の根元に文字が判別できない古びた石碑があった。高森殿の墓碑か、それに類するものだろう。

この2本が「城主と側近の御霊が宿る霊木」かどうかはわからない。わからないのだが、決して無邪気に抱きつくべき木ではないのもまちがいない。

ただ、その土地のヌシというべき巨樹を詣でることは、土地の神と神縁を結ぶことにつながると個人的には思っており、寄り道を推奨する次第である。

＊

さて、南外輪山を越え、高千穂に通じる国道を南東に向かい、看板に従って脇道にはいると、草部吉見神社に到る。

当社もまた唯一無比の神社だ。何しろ、上色見熊野座神社が上りつめる神域であるのに対し、こちらはまっすぐ下り降りる神域なのだ。前者は珍しくはないが、後者はきわめて珍しい。重力とともに引き寄せられるような不思議な感を覚える。

境内はすり鉢状の谷になっており、社殿

の周囲はさらに窪地をなしている。その谷底には湧水が注ぐ池があり、その脇には龍の頭をかたどった石造物があることから、ここが水神・龍神のあわす場所だとわかる。

目を見張るのは、社殿の脇にそそり立つ巨大なスギの御神木だ。

樹齢１０００年とも伝えられ、谷底からすっと伸び、本殿に寄り添いつつ、境内の中心軸をなしている。今でこそ湧水池（吉ノ池）にすまう龍神の勢いは感じさせないものの、御神木が代わりにこの神域の潜在力を伝えてくれているようだ。

＊

草部吉見神社の草創はこう伝えられている。

——神武天皇の皇子、彦八井耳命（国龍命、吉見神）は、日向国（宮崎県）からやってきて川走谷の窟に居を定めた。ここに神武天皇の孫の健磐龍命が肥後国（熊本県）を治めるようにとの勅命で下向し、彦八井耳命の姫を妃にして宮地（現在の阿蘇神社のある阿蘇市宮地）に移った。いっぽう命は宮づくりのよい場所を求め、吉ノ池のあるこの場所を選ぼうとすると、池の主である大蛇があらわれ、口から炎を噴いて命を襲った。命は剣を抜いて大蛇を頭から斬り殺し、池に埋めて一夜で宮殿を築いた。それは屋根も壁も草で拵えたものだったため、草部という地名となった……。

祭神の彦八井耳命は、父・神武天皇の東征には参加せず、一説には日向の高千穂からこの地にやってきて、土地神の龍神を

討って泉水を下し、阿蘇の開拓の基をなしたという。当社の創建は阿蘇神社より６年早く、肥後（熊本県）の経営を託された甥の健磐龍命を助け、娘を嫁がせ、みずからは阿蘇神社の三宮に祀られている。

ところが、「草部吉見大明神国龍命由来」なる縁起書は、こんな異説も伝えていた。「（同神は）神武天皇御時中秋、宮居池より出で給ふなり。尊曰く吾この池に住むこと久し」とあり、「その元は八龍神にて……伊弉諾、伊弉冉尊、此の国を産み給ふ終わりよりおわす大神なり。今人体出現し給うとなり。故に国龍命と申し奉る」

つまり、草部の神は神武天皇の第一皇子などではなく、イザナギ・イザナミの御代から龍神としてこの池に棲んでいたというのだ。そういえばたしかに、国龍命の御名も国津神（地主神）の面目をあらわしているように見える。

彦八井耳命と国龍命は同体か否か。そんな神々の謎を秘めた草部吉見神社は、神秘的な空間構成と歴史の奥深さをともに感じさせる阿蘇のもうひとつの原点である。

草部吉見神社の社殿に掲げられた絵馬。草創伝説にいう彦八井耳命が大蛇を斬る場面。

①幣立神宮の駐車場から続く脇参道。五百枝杉（いおえすぎ）と呼ばれるスギの巨樹に迎えられる。②同社、社殿に続く石段。社名の標柱には「民族の故郷、大和の本宮」と記されている。③台風によって倒壊した御神木「天神木の高千穂」の樹幹部分。現在でも若芽をつけて生きているという。④境内近くの高台から望む絶景。左から阿蘇の五岳、九重連山、由布岳。写真の右には祖母・傾山も拝せる。⑤白川水源の地に祀られている白川吉見神社。清冽な湧水が豊富に湧き出している。

はじまりの場所へ───

「隠れ宮」幣立神宮で出会う
はじまりの大ビジョン

「**下**り宮」を後に、さらなる根源の地・幣立神宮へと向かう。

いったん来た道を戻り、改めて国道二六五号を南下するのだが、その前に奥阿蘇大橋で一旦停止をお勧めしたい。鬱蒼たる原生林が茂るＶ字谷の先に、突如として阿蘇五岳が姿をあらわすのだ。

伝承では、草部を後にした健磐龍命はこの渓谷を通って阿蘇谷の宮地へと向かったという。おそらくその目印は中岳の噴煙だっただろう。ここで見る景色は、そのまま神話時代の光景なのだ。

ここで健磐龍命の足跡を整理すると、命は神武天皇の命を受け、神武東征の逆のルートをたどって日向に到着。そこから叔父・彦八井耳命が宮居を構える草部へと向かった。だがその途中、小休止した場所から望む景観に感じ入り、御幣を立てて天地の神々を祭り奉ったという。それが幣立神宮の由来とされている。

ところが、その境内に足を踏み入れると、次々と驚きのワードが目に飛び込んでくる。「日ノ宮　高天原」、「天下無双　世界無比／天照大神様が天岩戸より、ここを通ってお還りになったところ」、「民族の故郷　大和の本宮　幣立神宮」。

きわめつけは、「由緒」として記された次の文言である。

「当神宮は民族の起こりであったが、応神帝の時、勃発した内乱の為に自ら隠れ宮となった尊い歴史がある。ところが、人類の危機が迫ってきたので再び世界の世直しの神として出現し給う」

つまり、長く「隠れ宮」だったために、これまで広く知られることがなかったのだという。当宮の春木伸哉宮司は、熊本県公式観光サイトにてこうも述べている。

「幣立神宮には樹齢一万五千年と伝えられるヒノキの巨樹がそびえています。ここに天孫がご降臨され、神霊がお留まりになりました。カムロギ・カムロミの命です。幣立神宮はこの二柱を祀る聖地の根本の神社であり、高天原・日の宮とも呼ばれるゆえんです」

＊

何だか大変なところに来てしまったようだ。

まずは、駐車場からつづく脇参道に連なるスギ並木に目を見張る。とりわけ瑞垣に囲まれた巨大な一本は「五百枝杉」といい、その名のごとく太い枝が無数にそそり立っている。ただならぬエネルギーを感じさせる御神木である。

社殿脇の「樹齢一万五千年のヒノキ」は、残念ながら近年倒壊し、落ちた樹冠部と残された主幹が、それぞれ「天神木の高千穂」、「伊勢の内宮」として祀られている。それらが「日の宮、高天原」であることの証かどうかはともかく、神木祭祀の古い歴史をとどめた神社としては説得力十分である。

本殿参拝につづき、社殿裏から東御手洗（ひがしみたらい）社につづく道を下っていく。

照葉樹のツバキが彩を添える道は古代的な趣で、下りきった場所にある御手洗の湧水は、たしかに"高天原"の水種がもたらされた場所にふさわしい。はじめて当社を詣でたとき、「東御手洗」の水が青々とした棚田に注がれているのを見て、稲作のはじまりを思わせる谷戸の風情に感銘を受けたことを思い出した。

もうひとつ絶対に見逃せないポイントがある。駐車場から参道の反対側を少し上ると、「日の宮世界平和道場」という建物があり、広々とした庭がある。そこから、目の前に大パノラマが開けているのだ。

視界を遮るものなく、左から阿蘇の五岳、九重連山、由布岳、右には祖母・傾山のまでが、裾野からくっきりと一望できる。何という眺望。

「九州のへそ」（春木宮司）に位置する高台、標高六百数十メートルからの大景観は、たしかに気宇壮大なイメージを喚起させる。もとより、高所から雄大な眺望を見ること（国見）は、そのクニを支配する者にとって象徴的行為である。阿蘇山の鎮祭と火の国（肥国）（ひのくに）の経営を託された健磐龍命は、ここではじめて「アソ」を拝して心打たれ、御幣を立てて祈ったのだろう。まことにありうべき話である。

　　　　　　＊

旅の最後に、白川水源に立ち寄ることにしたい。

日本でも有数の多雨地域にあり、火山性堆積物に覆われた阿蘇地方は、湧水源に事欠かないが、とりわけ南阿蘇村は名のある湧水スポットだけでも10を数える。その代表が名勝白川水源なのだが、そこは白川吉見神社の境内地でもある。名前が示すとおり、先の草部吉見神社と同じく吉見神（彦八井耳命／国龍大明神）を祀る神社で、両社は（神話上の）水脈で結ばれている。

湧水量は毎分60トン。水温は一年を通じて摂氏14度。尽きることなく水面を押し上げるさまを眺めるだけでいい。それだけで、心身の老廃物を流し出し、ふたたび現実世界へと力強く押し出してくれる気がするのだ。

幣立神宮社殿裏から下った場所にある東御手洗社。

隠れ里に残る
ファンタジックな神域へ

　2016年頃から立て続けに4回ほど熊本県の人吉・球磨地方を訪れる機会を得た。

　縁あってというほかないのだが、この土地のとりわけ社寺をとりまく景観に魅了されたのはまちがいない。

　控えめに申し上げて、他所のどこにもない神域・境内の風情がここにはある。しかも、詣でる場所ごとに異なる個性に驚かされ、かつ全体として「人吉球磨様式」といったものに包摂されていることに気づかされる。諏訪や出雲でも似たような印象を受けたが、それに勝るとも劣らないサムシングがこのエリアにあると思う。

　もちろん、そこにはこの地ならではの理由があるのだが、ともあれ、まずは人吉球磨を体験していただきたい。話はそれからである。

幻想的な景観美を見せる十島菅原神社（国指定重要文化財）。創祀は弘安年間（1278〜1288）。菅原道真公を祀る地域を代表する天神社である。

Kumamoto

【人吉球磨地方の古社めぐり】
熊本・鹿児島から九州縦貫道で人吉ICへ。クルマで移動
①青井阿蘇神社（人吉市上青井町）を基点に
　あおいあそ
②十島菅原神社（球磨郡相良村柳瀬）／①より約10分
　としますがわら
③雨宮神社（同相良村川辺）／②より約15分
　あめみや
④山田大王神社（同山江村山田）／③より約10分
　やまたたいおう
⑤岩屋熊野座神社（人吉市東間上町）／④より約15分
　いわやくまのざ

②

③

①蓮池、太鼓橋越しに青井阿蘇神社の楼門を望む(被災前の撮影)。②同社の特徴的な縦長の幣殿内より本殿を拝する。黒漆塗りの壁にぐるり掲げられた彫刻が目を引く。③本殿正面。左右の龍の彫刻、扉手前の獅子、扉に配された輪宝ほかの意匠・装飾が印象的である。④十島菅原神社。池中に築かれた社檀に本殿が祀られ、周囲に小島が配された独特のレイアウトである。⑤⑥「十島仏像仏具焼却跡地」の案内板の側に建つ祠には、「まないた本尊」の阿弥陀仏画像が祀られていた。

①

「人吉球磨様式」の世界観

ここにしかない
美しく完結した空間

人吉・球磨地方は「日本でもっとも豊かな隠れ里」（司馬遼太郎）であるという。「隠れ里」という言葉はやや漠然としているが、あえて言うとすれば〈民話などにいう山奥や洞窟を抜けた先にあると考えられた密かな別天地〉だろうか。

少なくとも、旅人目線ではそのとおりである。本来であれば、熊本・八代方面から球磨川をさかのぼるように奥へと進み、山塊を抜けて人吉盆地に入るルートなら、まさにそれが実感できるはずなのだが、令和2年7月豪雨の被災により、国道・鉄路ともに当面は利用できなくなってしまった。

とりわけ、まちの中心に位置する人吉のシンボル・青井阿蘇神社の被災映像はショッキングなものだった。浄土への道行を思わせる、蓮池と赤い太鼓橋越しに楼門を望む風景が一変。赤い欄干の一部は流され、泥の海と化した池には流されたクルマが後輪を浮かせて突っ込んでいた。

しかし、遠隔地から気を揉んでいたこちらをよそに、神社は早々に救援物資の集配所になっていた。みずから被災し、貴重な社宝群が泥をかぶっているなか、福川義文宮司は新聞の取材に「住民あっての文化財。

心のよりどころになれば」とコメントしている。あれから一年。すでに蓮池は復活し、境内では隈研吾デザインの国宝記念館が本格着工した。「今度はウチが復興のシンボルになるとよかかな」と福川宮司は電話口で答えてくれた。

*

人吉という地名は、建物や宿を意味する「舎」（人＋吉）字に由来するという。そのことは、九州山地に囲まれた隠れ里でありながら、先史の時代から人々が住まいを構え、日向や薩摩への中継地として宿を提供していたことを物語っている。

山々の奥に見るべき建物（舎）あり。そんな往古の印象は、実は今もまったく変わらない。ほかならぬ人吉球磨の総鎮守・青井阿蘇神社がその代表である。

創建は、大同元年（806年）。それから約1200年後の2008年、その社殿は国宝に指定された。評価の決め手は、江戸初期再建の社殿群（楼門、拝殿、幣殿、廊、本殿）が、統一した意匠をもち、そっくり現存していたことにあった。

それにしても、建築の構造といい、細部のデザインや装飾といい、ほかでは見たことがないものだ。専門家によれば、他所で

は失われた近世以前のモチーフが、この社殿に凝縮されているという。

具体的には、社殿に潜む8体の龍、楼門屋根の軒下・四隅に配された陰陽一対の神面、本殿の御扉と幣殿の外扉に配された密教のシンボル……社殿の意匠・装飾のそこかしこに、陰陽五行、四季、八卦、十二支といった世界観、密教や儒教のモチーフ、龍神信仰のアイテムなどが混在し、謎かけのように配されている。

しかし、より重要なことは、このお社が、中世以来の「人吉球磨様式」の完成形として、この地域における社寺の見本になったことだろう。

*

あくまで個人的な志向だが、神社の撮影では社殿をメインに撮影することは少なく、むしろ場の空気感や、社殿の陰に隠れた神域の原点に目を向けがちだ。

しかし次に詣でる十島菅原神社では、社殿のある光景そのものに魅了される。その魅力は、当社の境内のデザインと社殿が、周囲の木立と相まって、ここにしかない美しく完結した空間を形作っていることにある。

このうち、急勾配の茅葺き屋根の本殿と縦長の幣拝殿からなる社殿は、「人吉球磨様式」の典型例だが、問題は境内のデザインである。本殿は池に浮かぶ島に築かれ、その周囲に小さな浮島が配されている。合計10の島からなることから「十島」の名

があるというが、神域のレイアウトとしてはかなり異例と言わざるをえない。

なぜそのような仕様だったのか。はじめて参詣して以来ずっと謎だった。

今のところの仮説を言えば、この仕様は、神仏習合説にいう祭神・菅原道真公の本地（本体）・十一面観音に由来するものではなかったか、というものだ。

十一面観音は、10の現世利益（十種勝利）をつかさどるといい、その頭上に戴く10の小面は、十方（八方＋上下）の衆生をくまなく見守っているという。かつて同社を別当として管理したのが蓮華寺（蓮華は観音菩薩のシンボル）だったとされることからも、十島には"道真公＝十一面観音の浄土"というコンセプトが秘められていたのではないか──そう推理するのだが、いかがだろうか。

そんな境内の脇に小さな祠があり、阿弥陀仏の画軸が祀られていた。そのかたわらには「十島仏具焼却地」の文字。実はここは隠れ念仏の弾圧の現場でもあったのだ。不意にファンタジーの暗部を垣間見てしまったようで、ぞくりとさせられる。

国宝の青井阿蘇神社社殿。左から拝殿、幣殿、廊、本殿。

1

2

3

①相良大橋から望む雨宮神社。時ならぬ大雨で、手前の川辺川が増水している。②石段を登りつめた先にあらわれる雨宮神社社殿。浮き出た木の根が独特の雰囲気を醸し出す。③同社背後を少し下ると、「三産くぐり」の岩場があらわれる。この狭い隙間をくぐると御利益があるという。④⑤山田大王神社。創建は正安年中（1299〜1302）とされ、この地域独特の御霊信仰を伝える。⑥⑦岩屋熊野座神社の社殿とその背後の洞穴。創建は歓喜年中（1229年〜1232）、相良長頼の発願とされる。

伝説と秘史の舞台

不思議の森と洞穴に
惹きつけられる

十 島から「清流日本一」の川辺川沿いをさかのぼり、相良大橋から川上方向を望むと、水田エリアに不思議な森が出現している。よくある「こんもり」のレベルではない。唐突に、そこだけ小山が出現したかのような様相。「トトロの森」と呼ばれているのも肯ける。近年はＴＶアニメ由来の"聖地"でもあるらしい。

正しくは、雨宮神社の社叢（相良村）である。周囲の地形からして、大昔から川辺川が何度も流路を変え、浸食をくり返した結果、残された部分なのだろう。参道まわりの杉木立が印象的だが、社叢全体はシイ・タブ・カシなどの照葉樹が自然林を形成し、環境保全地域に指定されている。

その麓からまっすぐ急な石段が延びており、上りつめると社殿があらわれる。祭神は、天之水分神、国之水分神ほか３神。いずれも水にまつわる神で、この地域では雨乞いの神として知られている。

その神徳が知られるきっかけとなったのは、文明４年（1472）の大干ばつのときだった。人吉球磨の領主・相良家12代為続は、僧侶や神主、山伏らに雨乞いを祈願させるも効験なく、ついにみずから祈祷を

行い、思いを歌に詠んだ。

「名も高き 木末の松も 枯れつべし なほ恨めしき 雨の宮かな」

すると参詣の帰途、沛然と大雨が降りだしたという。

また江戸後期の相良長寛（同家31代、人吉藩11代藩主）は、当社参詣の折、周囲の勧めのままに社殿背後にある巨石の隙間をくぐったところ、長らく生まれなかった嫡男に恵まれたという。以来、その岩場は「三産くぐり（幸せを産む・安らかに産む・金を産む）」の場として信仰されている。

いずれも相良の殿様の伝説に紐づけられているが、古より川辺川に寄り添う不思議の神域として特別視されてきたのだろう。そして時代が変わっても、この森はふたたび発見され、"聖地"として更新されていくのだ。

＊

相良村と隣接する山江村の山田大王神社は、国の重要文化財に指定されている。本殿は「青井さん」に先立つ天文15年（1546）の造立で、社檀から鳥居、拝殿と神供所、本殿覆屋まで江戸再建時の様相が保たれており、一見の価値がある。

ちなみに、人吉球磨地域には、当社のほ

か「大王神社」が5社伝わっている。いずれも、相良氏が実権を握る以前にこの地方に君臨した平河氏の支配地域に創建されたもので、平河一族の御霊を「大王」の名で祀り崇めた神社である。裏を返せば、その一族の怨霊を畏れ、御霊を慰めなければならない事情が秘められているのだ。

　もちろん、今は地域の鎮守社なのだが、そういった事情をふまえて参拝すれば、心持ちもやや厳粛となり、茅葺の社殿もまたちがった趣で目に映るだろう。

＊

　山江村山田から南下し、球磨川を越えた先に鎮座する岩屋熊野座神社（人吉市）も、山田大王神社と同じく「人吉球磨様式」の社殿が目を引くが、こちらの注目は、社殿裏にぽっかりと口を開ける洞穴だろう。こんな記録もある。

　「社地の奥に古くより岩穴がありて水多く奥の広きこと計り知れず、その水は下し野の瀞（とろ）に通じてその中に大蛇住むと云はれている。又夜更けて螺貝（ほらがい）の声が聞こえると云はれる」（『球磨郷神社誌』上米良東臣著）

　その社名から、この岩穴（岩屋）が神社の根源だったのはまちがいないとして、大蛇の住まう瀞（深くて静かな渕）に通じ、怪奇現象が伝わるこの岩穴に熊野の神が祀られているのが興味深い。しかも上掲書によれば、相良家初代・長頼公（ながより）が直々にこの地を実見し、熊野神を勧請したと伝えられている。

　相良長頼が生きた平安末〜鎌倉初期は、上皇らの熊野詣がピークを迎えた時期で、源氏方についた熊野水軍の活躍もあいまって、鎌倉御家人だった長頼も熊野神への関心を強めていたのだろう。ともあれ、あえてこの地を選んだのは、異界に通じる洞穴が根の国＝熊野のイメージを彷彿させたからにちがいない。

　実は、人吉球磨地域には、ほかにも黄泉国の入り口とされた巨大な洞窟があり、同じく熊野座神社が祀られている。球磨村の神瀬熊野座神社（こうのせ）（次ページ）である。

　まさに、この世ならぬ奇観。洞内の高さは約18メートル、奥行きは72メートル、その天井からは無数の鍾乳石がサメの歯のように垂下している。日本屈指の秘境神社と呼ぶほかない景観だが、残念ながら、令和2年水害で被災し、現状（令和3年6月）、境内は立ち入り禁止である。近い将来の参詣再開を待ちつつ、この地域の伝統文化の遺産が末永く保たれ、伝えられていくことを切に願う次第である。

山田大王神社の幣拝殿より本殿を望む。

神瀬熊野座神社（岩戸熊野座神社）。国名勝・神瀬の石灰洞窟の入り口に鎮座。筆者の参詣時、洞穴内から濃い霧が立ちこめ、奥をのぞき見ることも叶わなかった。

あとがき

　2020 年、不意に全世界を席巻した新型コロナウイルスにより、われわれはさまざまな問いに直面した。

　人間社会は、人と人との交わりによって成り立っており、ひとりの個人は、行動し、外界と接触することによって自己を確認してきたのだが、コロナ禍によってわれわれは、その両方に制限を余儀なくされた。

　そのようななかで、多くの人の行動を縛り、自問自答を強いたワードが、「不要不急」だった。

「どうしても必要というわけでもなく、急いでする必要もないこと」である。

　考えてみれば、われわれは生きていくうえで多くの不要不急に時間を費やしてきた。なかでも、旅をすること、社寺に参詣することなどは、その最たるものである。

＊

　この本を書くにあたり、２０２０年以降に取材した神社もいくつかある。それらは緊急事態宣言やまん延防止等重点措置の間隙を縫っての計画だったが、そのたびに、今そこに行くべきかどうかという問いがつきまとった。

　一方で、今そこに行かなければ、という強い思いに駆られたのも事実である。

　なぜか。その理由はうまく言えないが、将来に対する漠然とした不

安がそうさせたのかもしれない。今行っておかなければこの先行ける
かどうかわからないからでもあったかもしれない。

　奥宮（あるいは奥宮的な場所）を実感し、その場の意味を考え、驚
きや感動を伝えるのは今しかない。私はそう思ったのだ。

　ここに挙げた場所が多くの人に共感を与えられるかどうかはわから
ない。ひたすら地味な場所ばかり巡っていると思われても、苦笑交じ
りに肯くしかない。

　ただ、プロでもない私が何とかして写真にして残し、拙い言葉で伝
えようとしたことが何らかのヒントになり、「はじまりの場所」を詣
でてみたいと思われる人がいたら幸いである。その際は、できるだけ
その場に敬意を払って詣でていただきたいと思う。

＊

　今回も、取材先の各地でさまざまな人にご協力を賜った。なかには、
クルマを出して案内をいただくなど、ご無理をお願いした人も多々お
られる。長くなるのでここでは省略させていただき、個別に御礼を申
し上げたいと思う。

　また、今回はとくに、「この世ならざる奥宮」をどう言葉で表現す
ればいいのかキーボードをたたく手が止まることが多かった。そのぶ
ん進行でご迷惑をかけた駒草出版の勝浦氏に、お詫び申しあげるとと
もに、このような機会をいただけたことを心より感謝申し上げたい。

令和三年六月、コロナ禍の渦中にて

本田 不二雄 拝

都道府県別掲載リスト

青森県

高山稲荷神社（青森県つがる市牛潟町）　　P028

鬼神社（青森県弘前市鬼沢菖蒲沢）　　P108

巌鬼山神社（青森県弘前市十腰内猿沢）　　P104

大石神社（青森県弘前市大森：赤倉霊場入口）　　P111

茨城県

御岩神社（茨城県日立市入四間町）　　P036

埼玉県

三峯神社（埼玉県秩父市三峰）　　P064

東京都

武蔵御嶽神社（東京都青梅市御岳山）　　P074

山梨県

軍刀利神社（山梨県上野原市棡原）　　P094

北口本宮冨士浅間神社（山梨県富士吉田市）　　P116

無戸室浅間神社（山梨県南都留郡富士河口湖町）　　P116

静岡県

白鳥神社（静岡県賀茂郡南伊豆町吉田）　　P008

大瀬神社（静岡県沼津市西浦江梨）　　P054

人穴浅間神社（静岡県富士宮市人穴）　　P117

山宮浅間神社（静岡県富士宮市山宮）　　P121

富士山本宮浅間大社（静岡県富士宮市宮町）　　P121

京都府

伏見稲荷大社（京都府京都市伏見区）　　P16

奈良県

玉置神社（奈良県吉野郡十津川村）　　P46

和歌山県

熊野本宮大社（和歌山県田辺市本宮町）　　P132

熊野速玉大社（和歌山県新宮市新宮）　　P136

月見岡神社（和歌山県田辺市本宮町）　　　　P132

熊野那智大社（和歌山県牟婁郡那智勝浦町）　P140

飛瀧神社（和歌山県牟婁郡那智勝浦町）　　　P143

神倉神社（和歌山県新宮市神倉）　　　　　　P137

阿須賀神社（和歌山県新宮市阿須賀）　　　　P137

島根県

須佐神社（島根県出雲市佐田町）　　　　　　P145

天ヶ淵・温泉神社（島根県雲南市木次町湯村）P150

八口神社（島根県雲南市木次町西日登）　　　P150

須我神社（島根県雲南市大東町須賀）　　　　P151

志多備神社（島根県松江市八雲町）　　　　　P154

揖夜神社（島根県松江市東出雲町）　　　　　P157

御客神社（島根県隠岐の島町原田）　　　　　P160

岩倉の乳房杉（岩倉神社、島根県隠岐の島町布施）P160

大山神社（島根県隠岐の島町布施）　　　　　P160

玉若酢命神社（島根県隠岐の島町下西）　　　P164

広島県

比婆山熊野神社（広島県庄原市西城町熊野）　P084

熊本県

上色見熊野座神社（熊本県阿蘇郡高森町上式見）P182

草部吉見神社（熊本県阿蘇郡高森町草部）　　P188

幣立神宮（熊本県上益城郡山都町大野）　　　P192

白川吉見神社（熊本県阿蘇郡南阿蘇村白川）　P193

十島菅原神社（熊本県球磨郡相良村柳瀬）　　P196

雨宮神社（熊本県球磨郡相良村川辺）　　　　P202

山田大王神社（熊本県球磨郡山江村山田）　　P203

岩屋熊野座神社（熊本県人吉市東間上町）　　P203

大分県

宇田姫神社（大分県豊後大野市清川町）　　　P170

穴森神社（大分県竹田市神原）　　　　　　　P168

健男霜凝日子神社（大分県竹田市神原）　　　P175

上坂田の摩崖仏（大分県竹田市上坂田）　　　P180

〔著者〕

本田不二雄（ほんだ・ふじお）

1963年熊本県生まれ。ノンフィクションライター、編集者。おもに一般向け宗教書シリーズの編集制作・執筆に長く携わる。著書に『ミステリーな仏像』『神木探偵』（駒草出版）、『噂の神社めぐり』（学研プラス）、『今を生きるための密教』（天夢人）、『神社ご利益大全』（KADOKAWA）、『弘法大使空海読本』（原書房）などがあるほか、『週刊神社紀行』シリーズなど共著多数。

異界神社　ニッポンの奥宮

2021年8月8日初版第1刷発行
2021年12月4日　　　第2刷発行

著　者　　本田不二雄

発行者　　井上弘治

発行所　　**駒草出版**　株式会社ダンク出版事業部

　　　　　〒110-0016　東京都台東区台東1-7-1 邦洋秋葉原ビル2階

　　　　　TEL：03-3834-9087

　　　　　URL：https://www.komakusa-pub.jp/

印刷・製本　中央精版印刷株式会社

撮影　　　　本田不二雄
写真提供　　熊野那智大社（P140-141）

デザイン　　大橋義一 GAD, Inc.
編集　　　　勝浦基明（駒草出版）

⛩